Jordanien

W0196389

Die Autoren

Julietta Baums

bereist die arabische Welt seit 1993 regelmäßig – zunächst als Archäologin, später als Trekking- und Expeditionsreiseveranstalterin für ihr Reiseunternehmen »Nomad – Reisen zu den Menschen«. Ihre besondere Liebe gilt der Wüste des Wadi Rum und den Naturschönheiten der Sandsteinmassive um Petra und Dana. Einige der vorgeschlagenen Wandertouren in diesem Reiseführer hat sie individuell ausgekundschaftet und immer wieder verbessert.

Walter M. Weiss

arbeitete viele Jahre lang als Chefredakteur namhafter Kultur- und Reisemagazine. Parallel dazu hat er seit Anfang der 1990er-Jahre als freier Autor, wohnhaft in Wien, für zahlreiche renommierte Verlage Reportagen und über 80 Reise- und Sachbücher geschrieben. Einen seiner Themenschwerpunkte bildet der islamische Kulturraum. Nähere Informationen: www.wmweiss.com

Das System der **POLYGLOTT** Sterne

Auf Ihrer Reise weisen Ihnen die Polyglott-Sterne den Weg zu den bedeutendsten Sehenswürdigkeiten aus Natur und Kultur. Für die Vergabe orientieren sich Autoren und Redaktion am UNESCO-Welterbe.

*** eine Reise wert   ****** einen Umweg wert   ***** sehr sehenswert

Unsere Preissymbole bedeuten:

Hotel (DZ mit Frühstück)		Restaurant (Menü)	
●●●	über 100 JD	●●●	über 25 JD
●●	50 bis 100 JD	●●	15 bis 25 JD
●	bis 50 JD	●	bis 15 JD

2

Reiseplanung

Land & Leute

Unterwegs in Jordanien ▪▪▪▪

Amman 48

Ruinen aus der Römerzeit, gute Shoppingmöglichkeiten im Suq und in modernen Malls und interessante Einblicke ins jordanische Alltagsleben lohnen einen Aufenthalt in der dynamischen Hauptstadt Jordaniens.

Der Norden Jordaniens 61

In der sanften Hügellandschaft des Nordens blühten einst die Städte der römischen Dekapolis. Ihre imposanten Überreste vermitteln noch heute eine Vorstellung vom damaligen Leben. Abwechslung versprechen die grünen Wälder um Ajlun.

Die Wüste im Osten

Östlich von Amman erstreckt sich eine schier unendliche Wüstenlandschaft. In der Einsamkeit dieses unwirtlichen Gebietes verstreut liegen die Überreste der ummaijadischen Wüstenschlösser und die wasserreiche Oase Azraq.

Totes Meer und Straße der Könige

Ein Bad im Toten Meer gehört zu einem Jordanienbesuch einfach dazu – wo sonst auf der Welt kann man einfach auf dem Wasser treiben, ohne unterzugehen? Durchs südliche Hochland führt die schon zu biblischen Zeiten bekannte Straße der Könige, an der einige der bekanntesten Attraktionen des Landes liegen.

Petra

Die Sandsteinruinen der 2000 Jahre alten Nabatäerstadt Petra, eingebettet in eine grandiose Landschaft, sind eines der großen architektonischen Wunder der Welt.

Rotes Meer und Wadi Rum ....

Ganz im Süden des Landes liegen zwei beliebte Ziele, die unterschiedlicher nicht sein könnten: die Hafenstadt Aqabah mit der traumhaften Unterwasserwelt des Roten Meeres und die faszinierende Wüstenlandschaft des Wadi Rum.

Echt gut!

Karten

Reiseplanung

Die Reiseregionen im Überblick][Die schönsten Touren][Klima und Reisezeit][Anreise][Reisen im Land][Sport und Aktivitäten][Unterkunft

Die Reiseregion im Überblick

Bereits die Bibel beschreibt die beiden Welten, die in Jordanien aufeinandertreffen: jene der Sesshaften in den fruchtbaren Landstrichen am Jordan und jene der nomadisierenden Wüstenbewohner. So vielfältig wie die Landschaften und Bewohner dieses kleinen Landes an der Nahtstelle zwischen Asien und Afrika sind, so vielfältig gestalten sich auch die Eindrücke und Erlebnisse, die Jordanien bietet.

Das Königreich ist in westöstlicher Richtung in drei Landschaftszonen gegliedert, die im Süden bei Aqabah, Jordaniens einziger Küstenstadt, zusammenlaufen. Die erste Zone umfasst die Große Grabensenke im Westen, die zweite das angrenzende Hochplateau. Östlich davon erstrecken sich die Wüsten und Steppen der Badiyah, die mehr als 75% der Landesfläche einnimmt. Jordantal, Totes Meer und Wadi Arabah sind die nördlichen Ausläufer des Großen Grabenbruchs oder Rift Valley, das sich von Afrika über das Rote Meer bis hierher erstreckt.

Am Ostrand des Hochlandes gelegen, hat sich die einst auf sieben Hügeln erbaute Hauptstadt Jordaniens, **Amman,** längst in das Umland ausgedehnt und ist zu einem wichtigen Banken- und Handelszentrum geworden. Die Stadt ist relativ jung, nur in den Gassen um die Al-Hussein-Moschee verbreiten Gewürzhändler orientalisches Flair. Dennoch bietet Amman auch abseits von Zitadellenhügel und römischem Theater viel Sehenswertes und hat in gewisser Weise die Nachfolge Beiruts als urbanes Zentrum des Nahen Ostens angetreten.

Von Amman gelangt man schnell in den **Norden Jordaniens:** In weiten Teilen unter dem Meeresspiegel gelegen, ist al-Ghur, wie das Jordantal von den Arabern genannt wird, gemeinsam mit dem Hügelland um Ajlun Jordaniens Kornkammer. Östlich davon liegt das dicht besiedelte nördliche Hochland, das biblische Gilead, ein mit Oliven und Pinien bewachsenes Hügelland gemäßigten Klimas. Im Norden wird es vom Fluss Yarmuk, im Süden vom Zerqa (dem antiken Jabbok) begrenzt. In hellenistischer und römischer Zeit blühten hier die Städte der Dekapolis, darunter Jerash, Umm Qays (Gadara) und Pella.

Der gesamte **Osten Jordaniens** ist steiniges, trockenes Flachland (arabisch Hammadah). Nur nomadisierende Ziegen- und Schafzüchter trotzen der lebensfeindlichen Umwelt, weshalb die Region auch den Namen Badiyah – Land der Beduinen – trägt. Weiter nördlich, im Hawran, beherrscht schwarzer Basalt das Bild. Inmitten dieser Ödnis liegen die sogenannten »Wüstenschlösser«, Wohnpaläste der Ummaijaden aus frühislamischer Zeit.

Zurück zum Grabenbruch im Westen: Der Jordan fließt ins **Tote Meer,** das über 400 Meter unter dem Meeresspiegel liegt und das salzhaltigste Gewässer der Erde ist. Es hat nur Zuflüsse, jedoch keinen Abfluss. Weder tierisches noch pflanzliches Leben regt sich hier. Wer in dieser »Pökelbrühe« badet, kann nicht untergehen – ein einmaliges Erlebnis! Am Nordrand des Toten Meeres liegt die erst in jüngerer Zeit ausgegrabene vermeintliche Taufstätte Jesu.

Im Süden schließt sich das Wadi Arabah an, das bei Aqabah ins Rote Meer mündet. Flache Dünenlandschaften mit spärlichem Strauch- und Akazienbewuchs prägen das Bild. Durch die Niederschläge im Hochland haben sich im Laufe der Jahrmillionen tiefe Wadis gebildet, die zum Wadi Arabah hin entwässern. Bis zu vier unterschiedliche Klima- und Vegetationszonen durchquert man auf lohnenden Wanderungen etwa in den Wadis Mujib oder Dana.

Gesundes Nass: Wasserfall bei Hammamet Ma'in

Durch das östlich angrenzende Bergland schlängelt sich die **Straße der Könige.** An ihr lagen einst die biblischen Königreiche Ammon, Moab und Edom. Später nutzten die Nabatäer die Route, um ihre Handelswaren von Petra ans Mittelmeer zu transportieren. Den Königsweg säumen zahllose historische Orte und einige der spektakulärsten Gegenden Jordaniens. Die nabatäische Metropole **Petra** liegt im Zentrum dieser im Frühling nahezu lieblichen Berglandschaft. Allerdings ist das Land hier trockener als im Norden und ohne künstliche Bewässerung kaum für den Ackerbau geeignet. Schon die Nabatäer schufen deshalb ausgeklügelte Kanalsysteme, deren Spuren man allerorten auf Wanderungen entdecken kann.

Weit im Südosten erheben sich die Sandsteinberge der Hismah. Die winterlichen Niederschläge füllen teils die Zisternen der Beduinen, teils durchdringen sie den Sandstein bis zur Oberfläche des darunterliegenden Granits und treten als Quellen wieder hervor. So zeigt sich die Hismah und ihr bekanntestes Wadi – das **Wadi Rum** – besonders im Frühjahr als grünende Wüste. Die Küstenstadt Aqabah mit ihrer langen Corniche am **Roten Meer** und einer einzigartigen Unterwasserwelt bildet dazu einen reizvollen Kontrast.

Die schönsten Touren

Jordanien ist ein kleiner Staat, den man problemlos an einem Tag von Nord nach Süd durchqueren kann. Die landschaftliche und kulturelle Vielfalt lädt jedoch dazu ein, sich Zeit zu lassen und Schwerpunkte zu setzen. Buchen Sie für die Hochsaison ❯ S. 18 Hotels und ggf. den Fahrer schon vorab und planen Sie alle Touren so, dass Sie die Show »Petra by Night« (nur Mo, Mi, Do ❯ S. 116) nicht verpassen, bei der man die eindrucksvollen Bauten der Nabatäerstadt im Schein tausender Kerzen genießen kann.

Klassisches Jordanien mit Wellness (7 Tage)

① Amman ❯ Quasr al-Abd ❯ Salt ❯ Amman ❯ Wüstenschlösser im Osten ❯ Jerash ❯ Ajlun ❯ Bethanien ❯ Totes Meer ❯ Madaba ❯ Kerak ❯ Dana ❯ Petra (Wadi Musa) (❯ Aqabah) ❯ Amman

Distanzen:
Amman ❯ Qasr al-Abd ❯ Salt ❯ Amman ca. 65 km; **Amman** ❯ Wüstenschlösser ❯ Amman ca. 210 km; **Amman** ❯ Jerash ❯ Ajlun ❯ Totes Meer ❯ Hammamat Ma'in ca. 185 km; **Hammamat Ma'in** ❯ Wadi Musa ca. 270 km; **Wadi Musa** ❯ Flughafen Amman ca. 210 km; (Wadi Musa ❯ Aqabah ca. 125 km; Aqabah ❯ Flughafen Amman ca. 295 km)

Verkehrsmittel:
Wegen der gut ausgebauten Straßen, der recht genauen Beschilderung von Orten und Sehenswürdigkeiten und des Mangels an öffentlichen Verkehrsmitteln ist der Mietwagen das Transportmittel der Wahl – mit oder ohne Chauffeur (im Rahmen einer vorgebuchten Pauschal-Privatreise wird der Mietwagen meist mit Fahrer angeboten).

Wer sich für eine Verlängerung der Tour in Aqabah entscheidet: Die Royal Jordanian Airlines bietet Flüge von Aqabah via Amman nach Deutschland an. Andere Airlines fliegen von Amman nach Deutschland, dann geht es per Mietwagen, Bus oder organisiertem Transfer in drei Stunden zum Hauptstadtflughafen.

Karte Umschlag hinten

Von Amman aus erreicht man das Qusair Amra in der östlichen Wüste

Diese Mietwagen-Rundreise verknüpft die wichtigsten Sehenswürdig-keiten mit dem Komfort und den Wellness-Angeboten der exzellenten Hotels Jordaniens. Standorte sind Amman, Suweima am oder Hamma-mat Ma'in oberhalb des Toten Meers und Wadi Musa (Petra). Auf Wunsch kann man die Tour um einige Badetage in Aqabah am Roten Meer verlängern.

Für ***Amman** › S. 49, wo Sie die ersten Nächte verbringen, empfiehlt sich ein zentral gelegenes Hotel wie das InterContinental. Am Vormit-tag des ersten Tages erkunden Sie die Hauptstadt mit der Zitadelle und dem römischen Stadtzentrum. Nachmittags können Sie das idyllisch gelegene ****Qasr al-Abd** › S. 59 und die einstige Handelsmetropole ***Salt** › S. 60 mit ihrer osmanisch geprägten Altstadt besuchen.

Früh aufstehen müssen Sie am zweiten Tag, denn spätestens um 8 Uhr sollten Sie zu den Wüstenschlössern im Osten aufbrechen: dem kubischen ***Qasr al-Kharana** › S. 82 und dem üppig ausgemalten ****Qusair Amra** › S. 83. Anschließend geht es zum **Qasr Azraq** › S. 84, wo Lawrence von Arabien einen ganzen Winter ausharrte. Auf dem Rückweg nach Amman besuchen Sie noch das **Qasr al-Hallabat** › S. 85, dessen wechselvolle Geschichte sich an seinen Ruinen ablesen lässt.

Der Vormittag des dritten Tages ist einer der interessantesten Rui-nenstädte Jordaniens gewidmet: *****Jerash** › S. 66 mit seinen gut erhal-tenen Tempeln und Theatern. In **Ajlun** › S. 70 erkunden Sie die verwin-kelten Gänge des unter Salah ad-Din errichteten Forts. Über eine kurvige Straße geht es anschließend hinunter zum Jordan. Am Nord-rand des Toten Meeres können Sie ***Bethanien** › S. 94, die Taufstätte

Jesu, besuchen. Anschließend genießen Sie das Vergnügen eines Bades im **Toten Meer** ❯ S. 92. In einem der luxuriösen Resorts am Toten Meer oder in *Hammamat Ma'in* ❯ S. 100 sollten Sie sich zwei Nächte und einen schönen Wellnesstag gönnen.

Am fünften Tag geht es über den landschaftlich reizvollen, kurvenreichen Königsweg nach Wadi Musa; brechen Sie spätestens um 8 Uhr auf! Stopps bieten sich in **Madaba** ❯ S. 96 mit seinen Kirchen und bei den Kreuzritterburgen von **Kerak** ❯ S. 102 und *Shawbak* ❯ S. 108 an. Ziel des Tages ist **Wadi Musa** ❯ S. 122, Ausgangsort für die Besichtigung der berühmten Nabatäerstadt ***Petra*** ❯ S. 110; hier sollten Sie mindestens zwei Nächte einplanen.

Am siebten Tag kehren Sie entweder über den Desert Highway nach Amman zurück oder Sie verbringen noch einige entspannte Badetage in **Aqabah** ❯ S. 128 am Roten Meer, wo man auch hervorragend tauchen und schnorcheln kann.

Zweiwöchige Erlebnisrundreise

━②━ **Amman** ❯ **Wüstenschlösser** ❯ **Gadara** ❯ **Irbid** ❯ **Jerash** ❯ **Ajlun** ❯ **Totes Meer** ❯ **Madaba** ❯ **Dana** ❯ **Petra (Wadi Musa)** ❯ **Wadi Rum** ❯ **Aqabah** ❯ **Amman**

Distanzen:

Amman ❯ **Qasr al-Abd** ❯ **Salt** ❯ **Fuheis** ❯ **Amman** ca. 65 km; **Amman** ❯ **Wüstenschlösser** ❯ **Umm Qays** ❯ **Irbid** ca. 315 km; **Irbid** ❯ **Jerash** ❯ **Ajlun** ❯ **Totes Meer** ca. 175 km; (**Totes Meer** ❯ **Madaba** ca. 35 km); **Totes Meer** ❯ **Madaba** ❯ **Dana** ca. 195 km; **Dana** ❯ **Wadi Musa** ca. 56 km; **Wadi Musa** ❯ **Wadi Rum** ca. 110 km; **Wadi Rum** ❯ **Aqabah** ca. 74 km; **Aqabah** ❯ **Flughafen Amman** ca. 295 km

Verkehrsmittel:

Die Tour ist am besten per Mietwagen zu machen, ❯ Tour 1, S. 10. Wanderungen sind teils verpflichtend mit lokalen Führern zu buchen (Info und Reservierung bei der Royal Society for the Conservation of Nature in Amman ❯ S. 54). Eine Vorabbuchung der Aktivitäten im Wadi Rum (Jeepfahrten, Kameltreks, Wanderungen) bei einem spezialisierten Veranstalter (❯ S. 25) ist ratsam.

Diese umfassende Erlebnistour bietet sowohl kulturelle Highlights als auch Landschaftserlebnisse, international geprägte sowie charmante landestypische Hotels. Der Aufenthalt in Aqabah am Roten Meer lässt sich nach Belieben verlängern.

Wählen Sie für die ersten Nächte in *Amman > S. 49 ein zentral gelegenes Hotel oder eine Unterkunft in dem angesagten Viertel Shmeisani.

Am ersten Tag bummeln Sie durch die lebhaften Gassen um die Al-Hussein-Moschee, besuchen den Zitadellenhügel und das Römische Theater. Nachmittags erkunden Sie die hellenistischen Ruinen des **Qasr al-Abd > S. 59 im fruchtbaren Wadi es-Sir. Beschließen Sie den Tag mit einem vorzüglichen Abendessen in Fuheis > S. 60, bevor Sie nach Amman zurückkehren.

Der zweite Reisetag führt zu den Wüstenschlössern im Osten und entspricht dem zweiten Tag der Tour 1 > S. 11; Sie fahren je-

Auf der Straße der Könige

doch noch weiter nach **Gadara (Umm Qays > S. 72; Museum geöffnet bis 17 Uhr) und übernachten im nahe gelegenen Irbid > S. 66.

Am dritten Tag geht es – wie am dritten Tag der Tour 1 > S. 11 – nach ***Jerash > S. 66, Ajlun > S. 70 und schließlich zum **Toten Meer > S. 92. Die nächsten zwei Nächte können Sie in einem luxuriösen Resort am Toten Meer, in Hammamat Ma'in > S. 100 oder in einer der vielen kleinen Hotels in Madaba > S. 96 verbringen. Der vierte Tag lädt zu einem Bad im Toten Meer ein; die großen Hotels bieten Tagestickets zur Nutzung ihrer Anlagen.

Am fünften Tag fahren Sie über den landschaftlich reizvollen Königsweg nach Dana > S. 105 und übernachten dort z.B. im Dana Guesthouse. Stopps bieten sich im christlich geprägten **Madaba > S. 96 an (falls Sie nicht hier übernachtet haben), außerdem in **Kerak > S. 102 und Kirbat at-Tannur > S. 104.

Am Vormittag des sechsten Tages unternehmen Sie eine halbtägige Wanderung (z.B. Waterfalls Trail) im **Dana Nature Reserve > S. 105. Anschließend fahren Sie zur Kreuzfahrerfeste Shawbak > S. 108 und weiter nach Wadi Musa > S. 122, dem Eingangstor zur Nabatäerstadt ***Petra > S. 110. Nehmen Sie sich für die kommenden vier Nächte ein nahe dem Siq gelegenes Hotel.

Die nächsten drei Tage sind ganz den großartigen Bauten Petras und der Schönheit seiner Umgebung gewidmet. Verpassen Sie keinesfalls die Show »Petra by Night«!

Am zehnten Tag gelangen Sie von Petra ins **Wadi Rum** ❯ S. 132. Sofern Sie Ihre zweitägige Tour (Geländewagentour oder Kameltrekking) bereits vorgebucht haben, wartet am Visitor Centre die lokale Begleitmannschaft. Ansonsten kann man sich direkt im Infozentrum eine Tour zusammenstellen lassen, die zwei Übernachtungen im Wüstencamp oder in Zelten beinhaltet.

Am zwölften Tag kehrt man morgens zum Visitor Centre zurück und fährt nach **Aqabah** ❯ S. 128 am Roten Meer. Mindestens zwei Tage sollte man zum Entspannen, Tauchen und Schnorcheln einplanen, bevor es vom Flughafen Amman aus zurück in die Heimat geht.

Wander- und Naturreise (18 Tage)

③ Amman ❯ Wüstenschlösser ❯ Azraq ❯ Ajlun ❯ Jerash ❯ Totes Meer ❯ Wadi Mujib ❯ Feinan ❯ Aqabah ❯ Wadi Rum ❯ Petra (Wadi Musa) ❯ Dana ❯ Kerak ❯ Muqawir ❯ Madaba ❯ Amman

Distanzen:
Amman ❯ **Azraq** ca. 100 km; **Azraq** ❯ **Ajlun** ca. 152 km; **Ajlun** ❯ **Jerash** ❯ **Umm Qays** ❯ **Pella** ❯ **Ajlun** ca. 145 km; **Ajlun** ❯ **Wadi Mujib** ca. 120 km; **Wadi Mujib** ❯ **Feinan** ca. 130 km; **Feinan** ❯ **Aqabah** ca. 165 km **Aqabah** ❯ **Wadi Rum** ca. 62 km; **Wadi Rum** ❯ **Wadi Musa** ca. 94 km; **Wadi Musa** ❯ **Dana** ca. 58 km; **Dana** ❯ **Madaba** ca. 168 km; **Madaba** ❯ **Amman (Flughafen)** ca. 23 km

Verkehrsmittel:
Mietwagen mit oder ohne Fahrer. Die meisten Wanderungen muss man verpflichtend mit lokalen Führern unternehmen und in Amman vorbuchen ❯ S. 54. Zwischen den Stationen Feinan und Wadi Mujib besteht die Möglichkeit, zwei Tage in Aqabah am Roten Meer einzubauen. Für das Kameltrekking oder die Geländewagentour im Wadi Rum ist eine Vorabbuchung ratsam (❯ S. 25).

Kurze Fahrstrecken, ausgiebige Wanderungen in den Naturschutzgebieten des Landes, Tierbeobachtungen und Übernachtungen in umweltverträglichen und familiär geführten Hotels (meist der RSCN oder lokaler Kooperativen) kennzeichnen diese nachhaltige Wander- und Naturreise.

Die erste Nacht verbringen Sie in *Amman* ❯ S. 49. Am Vormittag des ersten Tages ist Zeit für die Erkundung der lebhaften Gassen um die Al-Hussein-Moschee. Im **Wild Jordan Centre** ❯ S. 56 erhalten Sie Informationen zu den Projekten der RSCN und können Wandertouren

Das Wadi Rum lässt sich gut per Kamel erkunden

und Übernachtungen vorbuchen. Am Nachmittag fahren Sie über die Wüstenschlösser ***al-Kharana** › S. 82 und ****Amra** › S. 83 zum **Qasr Azraq** › S. 84 und übernachten in der Azraq Lodge › S. 85.

Am zweiten Tag erkunden Sie die Naturreservate **Azraq Wetlands** › S. 84 und **Shawmari Wildlife** › S. 85 samt zugehörigem Museum. Mit etwas Glück beobachten Sie seltene Vogelarten und Oryx-Antilopen. Nachmittags fahren Sie über das **Hammam as-Sarah** › S. 85 ins ***Ajlun Nature Reserve** › S. 71. Hier bleiben Sie drei Nächte in den Bungalows der Forest Lodge, einer der schönsten Unterkünfte im Bergland.

Am dritten Tag ist Zeit für eine geführte Wanderung auf dem **Prophet's Trail,** der über eine Distanz von 8,5 km zu den Ausgrabungen in Mar Elias oder über 18 km bis zur Araberfeste Ajlun führt (Rücktransport im Bus eingeschlossen).

Der vierte Tag ist bedeutenden Ausgrabungen gewidmet: Vormittags besichtigen Sie die äußerst sehenswerte römische Ruinenstadt *****Jerash** › S. 66, nachmittags ****Gadara** (Umm Qays › S. 72; Museum geöffnet bis 17 Uhr) und eventuell noch ***Pella** › S. 75. In einem der örtlichen Restaurants – in Umm Qays sogar mit Blick auf den See Genezareth – essen Sie zu Abend, bevor Sie zur Ajlun Forest Lodge zurückfahren.

Nach der Besichtigung der verwinkelten Araberfeste Ajlun (falls nicht an Tag 3 besucht) fahren Sie am fünften Tag hinunter zum Jordan. Am Nordrand des Toten Meers lohnt ein Abstecher zur ***Taufstätte Jesu** (Bethanien) › S. 94, danach lockt ein Bad im ****Toten Meer** › S. 92.

Karte
Umschlag
hinten

Auf dem biblischen Berg Nebo

Anschließend geht es weiter bis zur Mündung des **Wadi Mujib** › S. 95. Die Mujib Chalets bieten einen wunderbaren Blick über das Tote Meer und sind der ideale Ausgangspunkt für die Wanderung am kommenden sechsten Tag. Besonders empfehlenswert sind der halbtägige Malaqi Trail › S. 91 oder der ebenfalls halbtägige Ibex Trail.

Am Morgen des siebten Tages fahren Sie weiter am Toten Meer entlang. Durch das Wadi Arabah geht es nach *Feinan › S. 106, wo Sie Ranger des Naturreservats zur einfachen, aber geschmackvoll gestalteten Ecolodge bringen, Ihrer Herberge für zwei Nächte. Unternehmen Sie noch am Ankunftsabend die stimmungsvolle »Sunset Tour«.

Am achten Tag bieten sich die geführten Wanderungen zur **Feinan Copper Mine** oder durchs **Wadi Ghweir** an. Alternativ folgen Sie mit einem Leihrad dem Mountain Bike Trail (7, 15 oder 30 km).

Weiter geht es am neunten Tag nach **Aqabah** › S. 128, wo Sie einen entspannten Strandnachmittag am Roten Meer einlegen oder die faszinierende Unterwasserwelt erkunden können.

Am zehnten Tag fahren Sie ins **Wadi Rum** › S. 132. Am Visitor Centre können Sie Touren buchen; falls das schon vorab geschehen ist, treffen Sie Ihre lokale Begleitmannschaft. Hier beginnt die Geländewagentour oder das Kameltrekking durch die orangeroten Sandsteinfelsen. Sie übernachten zweimal in einem festen Camp oder in Zelten in der Wüste.

Am 12. Tag kehren Sie vormittags ins Visitor Centre zurück. Bald nach dem steilen Anstieg in das Hochland am Ras an-Naqab führt links eine schmale Straße direkt nach Wadi Musa › S. 122, dem Eingangstor nach ***Petra** › S. 110. Etwas abseits in einem kleinen Talkessel bietet das Ammarin Camp eine einfache, aber ruhige und stimmungsvolle Unterkunft für die kommenden drei Nächte. Besichtigen Sie in den nächsten drei Tagen ausgiebig die eindrucksvollen Nabatäerbauten, genießen »Petra by Night (❯ S. 116) und erkundigen sich im Ammarin Camp nach einem Guide für Tageswanderungen etwa über Al-Beida und Ad-Deir ins Zentrum von Petra mit Rückweg durch das Wadi Ma'aysirah.

Am 15. Tag geht es über al-Haysheh nach ***Shawbak** ❯ S. 108 und weiter nach **Dana** ❯ S. 105, wo Sie zwei Nächte bleiben. Tag 16 ist ein Wandertag im ****Dana Nature Reserve** ❯ S. 105, Infos zu Wegen und Guides gibt es im Visitor Centre.

Am Vormittag des 17. Tages besuchen Sie noch das kleine Museum und die Silberwerkstätten von Dana. Planen Sie auf der Weiterfahrt eine gute Stunde für die Kreuzfahrerfeste ****Kerak** ❯ S. 102 ein. Lohnend ist auch der Besuch von **Muqawir** ❯ S. 101 mit dem Bani Hamida House. Abends treffen Sie in ****Madaba** ❯ S. 96 ein, wo Sie zwei Nächte bleiben. Der christlich geprägte Ort lädt am nächsten Tag zu einem Bummel ein. Versäumen Sie auf keinen Fall den Blick vom ***Berg Nebo** ❯ S. 99 über das Tote Meer. Am nächsten Morgen erreichen Sie rasch den Flughafen von Amman.

Touren in den Regionen

Touren in den Regionen	Region	Dauer	Seite
Ein halber Tag in Downtown	Amman	4 Std.	50
Die Städte der Dekapolis	Der Norden Jordaniens	2 Tage	63
Ajlun Nature Reserve: Village Orchards Trail	Der Norden Jordaniens	6 Std.	65
Zu den Wüstenschlössern	Die Wüste im Osten	2 Tage	80
Wadi Dana Trail (Dana Nature Reserve)	Totes Meer und Straße der Könige	5–6 Std.	90
Malaqi Trail (Wadi Mujib Nature Reserve)	Totes Meer und Straße der Könige	6–8 Std.	91
Rundwanderung vom Siq al-Barid zum ad-Deir	Petra	6–8 Std.	111
Zweitägige Wanderung: Jebel Haroun und Wadi Sabra	Petra	2 Tage	113
Geländewagentour zum Jebel Umm ad-Dami	Rotes Meer und Wadi Rum	2 Tage	125
Trekking mit Reitkamelen	Rotes Meer und Wadi Rum	3 Tage	126

Klima und Reisezeit

Den Norden Jordaniens kennzeichnet mediterranes Klima, während im Süden kontinentales Wüstenklima herrscht. Entsprechend nehmen die Niederschläge von Nord nach Süd ab.

In den Sommermonaten (Mai bis Oktober) ist es im ganzen Land heiß und trocken. Im Hochsommer (Juni bis August) erreichen die Tagestemperaturen z.T. über 40 °C, das Temperaturmittel liegt bei 25 bis 30 °C. In den Nächten kühlt es besonders in der Wüste merklich ab.

Im Winter kann es in den höheren Lagen des Landes, etwa in Petra, Frost und Schneefälle geben. Am Westabhang des Jordangrabens fallen von November bis April bis 500 mm Regen jährlich. Die Wüstengebiete im Osten bleiben oft über Jahre trocken.

Auf dem Hochplateau, das vom Roten Meer bis auf 1700 m ansteigt, kommt der Regen meist im November/Dezember; besonders niederschlagsreich mit oft mehreren Regentagen in Folge sind Januar und Februar. Im März und April regnet es nur noch selten. Am Roten Meer sind die Winter so mild, dass man auch im Januar baden kann.

Der Norden und das Bergland lassen sich bei Tagestemperaturen bis zu 30 °C auch im Hochsommer gut bereisen. Selbst die höheren Temperaturen in den östlichen und südlichen Landesteilen sind einigermaßen erträglich, da die Luftfeuchte (außer in Meeresnähe) gering ist.

Die beste Reisezeit für Jordanien und damit touristische Hochsaison ist das Frühjahr zwischen Mitte März und Ende Mai, wenn nach den winterlichen Regenfällen alles zu grünen beginnt und sogar in der Wüste Blumen blühen. Aber auch der Herbst zwischen Mitte September und Ende November bietet günstige Bedingungen. Die Tagestemperaturen liegen dann im Schnitt zwischen 20 und 30 °C, während es nachts deutlich abkühlt (7–15 °C). Auch die Zeit um Weihnachten ist beliebt.

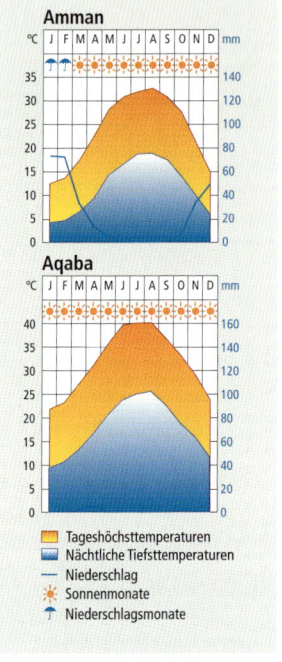

Tageshöchsttemperaturen
Nächtliche Tiefsttemperaturen
Niederschlag
Sonnenmonate
Niederschlagsmonate

Anreise

Mit dem Flugzeug

Linienfluggesellschaften fliegen von Deutschland, Österreich und der Schweiz in etwa vier Stunden nach Amman (teils mit Umsteigen).

Der moderne Flughafen Queen Alia International (www.aig.aero) liegt 32 km südlich von Amman an der Autobahn nach Aqabah. Zwischen 7 Uhr und 23 Uhr fährt von dort stündlich, danach um 1 und 3 Uhr ein Flughafenbus zur Busstation Tabarboor (3 JD inkl. Gepäck). Ferner gibt es zahlreiche Taxis, die etwa 15–20 JD verlangen (ein Trinkgeld von 2 JD ist üblich). Die Fahrt ins Zentrum dauert 30 bis 40 Min. Die wichtigsten Fluggesellschaften, die Amman anfliegen, sind:

- Royal Jordanian, www.rj.com
- Lufthansa, www.lufthansa.com
- Austrian Airlines, www.aua.com
- Swiss, www.swiss.com
- British Airways, www.ba.com
- Air France, www.airfrance.com
- Turkish Airlines, www.turkishairlines.com

Reisen im Land

Flugzeug

Binnenflüge der Royal Jordanian und ihrer Tochtergesellschaft Royal Wings gibt es nur zwischen Amman und Aqabah. Die Flugdauer beträgt etwa 45 Minuten, das One-Way-Ticket kostet ca. 40 JD. Der Aqabah/King Hussein International Airport (www.aac.jo) liegt ca. 9 km nördlich der Stadt (Taxi ins Zentrum ca. 13 JD).

Bahn

Personenzüge auf der traditionsreichen Hidjaz-Bahn (www.jhr.gov.jo) verkehren nur noch zwischen Damaskus und Amman; für die 300 km benötigt der Zug zwischen 9 und 12 Stunden.

Bus

Die drei großen Busunternehmen des Landes, Jett, Trust International und Hijazi, bieten zuverlässige und schnelle Expressbus-Verbindungen zwischen allen größeren Städten. Fernbus-Tickets sollten bereits am Vortag gebucht werden.

Minibusse verkehren zusätzlich zwischen allen kleineren Ortschaften des Landes. Sie fahren oft erst los, wenn sie voll sind. Die Sitzplätze werden so vergeben, dass Frauen ohne Begleitung (auch Touristinnen) nicht neben Männern sitzen. Mitunter werden deshalb Plätze vor Fahrtbeginn mehrfach gewechselt. Gezahlt wird nach Abfahrt, die Preise sind nicht verhandelbar. Stopps auf der Strecke sind an der Tagesordnung: Wer aussteigen will, klopft mit einer Münze gegen ein Fenster.

- **JETT,** www.jett.com.jo
- **Trust International Transport,** Tel. 06/581 34 27
- **Hijazi,** Tel. 06/465 13 41 (nur Busse Amman–Jerash–Irbid)

Sammeltaxi und Taxi

Die weißen Sammeltaxis (»Service« genannt) fahren nahezu alle großen und kleinen Ortschaften im Land an. Sie verkehren zudem auf festen Routen in den größeren Städten. Auch ein Sammeltaxi fährt erst los, wenn der Wagen voll besetzt ist. Die Preise liegen etwa doppelt so hoch wie bei einem lokalen Bus, die Fahrzeiten sind allerdings kürzer. Alleinreisende Frauen sollten auf dem Beifahrersitz Platz nehmen oder zumindest einen zweiten Platz dazukaufen.

Gelbe Taxis gibt es in allen größeren Ortschaften. In Amman haben sie einen Taxameter, der in der Regel auch funktioniert und den Fahrpreis in Fils (nicht Dinar!) anzeigt. Fahrten im Stadtgebiet von Wadi Musa (Petra) kosten immer 2 JD.

Bei allen anderen Fahrten muss der Preis mit dem Fahrer verhandelt werden. Frauen setzen sich im gelben Taxi niemals neben den Fahrer. Touristinnen sollten unbedingt dieser Sitte folgen, um Missverständnisse zu vermeiden.

Mietwagen

Das Straßennetz Jordaniens ist insgesamt gut ausgebaut. Ortschaften und touristische Sehenswürdigkeiten sind ausreichend in Englisch ausgezeichnet. Tempolimits (wo nicht anders angegeben in Ortschaften 50 km/h, außerhalb 80 km/h, auf schmalen Pass- und Serpentinenstraßen 60 bzw. 40 km/h) werden wegen der häufigen Kontrollen meist beachtet. Alkohol am Steuer ist strikt verboten. Nachtfahrten sollte man unterlassen, da auch unbeleuchtete Fahrzeuge sowie Tiere auf den Straßen unterwegs sind. Die Unfallrate ist recht hoch, fahren Sie deshalb besonders aufmerksam. Es herrscht (offiziell) Anschnallpflicht.

Fahrzeuge im Kreisverkehr haben Vorfahrt. In den Ortschaften gibt es häufig Straßenschwellen, die aber leider nicht immer ausgewiesen sind.

In Amman ist das Taxi als Verkehrsmittel erste Wahl > S. 54.

Autos können tage- oder wochenweise gemietet werden, mit (meist im Rahmen eines Pauschalarrangements) oder ohne Fahrer. Eine Vor-

abbuchung empfiehlt sich insbesondere zu den Saisonzeiten. Bei An-
mietung in Jordanien lohnt sich der genaue Vergleich der enthaltenen
Leistungen. Achten Sie unbedingt auf den Einschluss einer Vollkasko-
versicherung ohne Selbstbehalt (CDW) und einer Insassenversicherung
(PAI). Unlimitierte Kilometer sind in jeder Miete eingeschlossen. Im
Falle eines Unfalls muss immer ein Polizeiprotokoll erstellt werden,
denn ohne dieses Protokoll übernimmt die Versicherung den Schaden
nicht.

Ein internationaler Führerschein und eine Kreditkarte sind erforderlich. Nehmen Sie bei der Wagenübernahme Windschutzscheibe und
Reifen genau unter die Lupe und prüfen Sie das Vorhandensein eines
intakten Ersatzreifens.

Fahrrad

Mountainbike- und andere Fahrradtouren in Jordanien werden immer
beliebter, an einigen Orten (Feinan) gibt es sogar Leihfahrräder. Gerade
die Straße der Könige bietet sich für eine Fahrradreise an, denn hier
liegen die Übernachtungsmöglichkeiten so dicht beieinander, dass man
keine Zeltausrüstung mitschleppen muss. Wegen der oft starken Nord-
winde empfiehlt sich generell die Fahrt von Nord nach Süd. Gefahren
drohen auf stark frequentierten Straßen, in den größeren (und unübersichtlichen) Städten und nicht zuletzt durch Steine werfende Kinder.

Cycling Jordan
Tel. 07/988 544 54, cycling.jordan@gmail.com.
Hält Informationen bereit und organisiert kürzere Touren.

Special

Unterwegs mit Kindern

Ein kinderfreundliches Land

So wie in der gesamten arabischen Welt werden Kinder auch in Jordanien geliebt und geschätzt. Unweigerlich werden Ihre Sprösslinge im Mittelpunkt des allgemeinen Interesses stehen: von Kellnern besonders aufmerksam bedient, von Passant(inn)en angesprochen und geherzt, im Suq mit kleinen Geschenken bedacht … Noch viel zu selten sind europäische Kinder mit ihren Eltern in Jordanien unterwegs, doch die Reise mit der ganzen Familie lohnt sich: Bei einem Bad im Toten Meer, bei der Erkundung von Burgen aus der Kreuzfahrerzeit oder bei Kamelritten in der Wüste sind Spaß und Spannung garantiert.

Rundum gesund

Als Reisezeit sollten Sie die klimatisch angenehmen Frühlings- oder Herbstmonate wählen und vor Reiseantritt den Impfstatus der Kinder prüfen (besonders wichtig: Tetanus und Polio). Vor Sonne schützt eine Kopfbedeckung, die (wichtig!) auch den Nacken beschattet. Wasser in Plastikflaschen kann man überall kaufen.

Bei der Ernährung sollten Sie zumindest in den ersten Tagen auf ungekochte Nahrung und ungeschältes Obst verzichten. Kleine Verletzungen, die sich in feucht-heißem Klima entzünden könnten, reinigt und desinfiziert man vorsichtig und versorgt sie mit einem Pflaster. Windeln und Babynahrung sind in guter Qualität überall im Land erhältlich, z.B. in Apotheken.

In Amman

Amman › S. 49 ist nicht gerade die attraktivste Stadt für Kinder: Nur wenige Bereiche der Innenstadt sind verkehrsberuhigt. Die

Gehwege sind wegen der hohen Bordsteine und der vielen Unterbrechungen mit Kinderwagen nur schwer zu befahren. Dennoch werden Sie überall willkommen geheißen und stets hilfsbereite Menschen finden.

Im National Children's Museum und an allen anderen unten genannten Orten werden Sie besonders an den Wochenenden (freitags und samstags) auf zahlreiche jordanische Familien treffen, mit denen Sie unweigerlich in Kontakt kommen.

■ **Haya Cultural Centre**
Ilya Abu Mahdi St.][**Shmeisani**
Tel. 06/566 51 94
Sa–Do 9–18 Uhr, Eintritt frei; inkl. Spielplatz, interaktivem Öko-Museum, Hüpfburg; spezielle Veranstaltungen für Kinder.

■ **Luna Park**
Khalid bin al Walid Road
Shmeisani
Tgl. 10–22 Uhr; Vergnügungspark mit Karussells etc.

■ **Wild Jordan Café**
Othman Bin Affan St.
Downtown][**Tel. 06/463 35 42**
www.wildjordancafe. com
Fr 9–11 Uhr; freitags kinderfreundlicher Brunch mit Unterhaltung und Infos zu Umweltschutz für Kinder von 8–11 Jahren.

■ **King Hussein Park mit National Children's Museum**
King Abdullah St.
Dabog
Tel. 06/541 14 79
www.cmj.jo

So, Mo, Mi 9–17, Do, Sa 9–18, Fr 10 bis 19 Uhr; mit interaktiven Displays und interaktivem Garten, Planetarium und Bibliothek; daneben das »Cultural Village« mit »Historical Passageway«, Amphitheater (für Freiluftaufführungen), Royal Automobile Museum, Picknickplätze, Restaurants, Cafés etc.

Wasservergnügen

Im Amman Beach Tourism Resort oder im nahen O Beach Resort können die Kids erleben, dass man im Toten Meer ❯ S. 92 ganz von selbst an der Wasseroberfläche treibt. Aber auch der Wasserpark Amman Waves und das Rote Meer bei Aqabah versprechen vergnügliche Stunden. Beim Planschen sollten die Kleinen Badeshorts bzw. einteilige Badeanzüge tragen.

Amman Waves
Airport Road, ca. 15 km südlich der Stadt][**Tel. 06/64 12 17 04**
www.ammanwaves.com
Tgl. 10–19 Uhr; Wasservergnügungspark im europäischen Stil mit Rutschen, Pools, Kinderbecken und künstlichem Strand.

Ausflug in die Unterwasserwelt

Motorbootausflüge in Aqabah werden von Sindbad (Tel. 03/205 00 77, www.sindbadjo.com; tgl., Abfahrten am Pier in der Marina) angeboten; z.B. eine ca. zweistündige Fahrt zum Sonnenuntergang oder eine Halbtagestour inkl. Schnorchelausrüstung und Barbecue. Daneben gibt es am Hafen zahlreiche Angebote für Fahrten in Glasbodenbooten. Hier lieber die längeren Touren buchen, da die Unterwasserwelt in Hafennähe nicht mehr intakt ist.

■ **Amman Beach Tourism Resort**
Totes Meer, Nordostküste, ca. 2 km
südl. der großen Hotel
Tel. 05/356 08 04
Tgl. 9–20 Uhr, am Strand Sonnenschirme und Süßwasserduschen; Swimmingpools und Restaurants.
■ **O Beach Resort**
direkt südl. an das Amman Beach
Resort anschließend][**05/349 20 00**
Tgl. 9-18 Uhr, am Strand, schattiger Kinderbereich mit zwei Swimmingpools und Sand-Gras-Spielbereich.

Sterne am Wüstenhimmel

Bei einem Ausflug in die Wüste erleben Kinder nachdrücklich, dass die vermeintliche Ödnis eine äußerst vielgestaltige Landschaft und Lebensraum für viele Tier- und Pflanzenarten ist. Unter sachkundiger Führung eines Rangers können sie das Ökosystem im Wadi Arabah kennenlernen. Oder bei einem Kamelritt im Wadi Rum ❯ S. 132 etwas über das Leben der Beduinen erfahren. Als familiengerechter Standort in Petra ❯ S. 110 empfiehlt sich das Ammarin Beduin Camp, in dem man in traditionellen Beduinenzelten übernachtet und von den Frauen der Ammarin verköstigt wird.

■ **Feinan Ecolodge** bietet spezielle kindgerechte Touren mit Einführung in das Ökosystem der Umgebung in englischer Sprache. ❯ S. 107
■ **Wadi Rum,** Informationen und Buchung von Touren per Geländewagen oder Kamel offiziell über das Visitor Centre am Eingang zur Wadi Rum Protected Area ca. 30 km östlich des Abzweiges vom Desert Highway. **Tel. 03/209 06 00, www.wadirum.jo,** tgl. 7–19 Uhr; mehrtägige Touren sollten Sie schon vom Herkunftsland aus vorbuchen.
■ **Ammarin Bedouin Camp** ❯ S. 122

Jerash Chariots

Nur 500 Besucher fasst das Hippodrom in Jerash ❯ S. 66 heutzutage. In römischer Zeit waren es um die 15 000, die packende Pferdewagenrennen sahen. So authentisch wie möglich werden bei der Show Jerash Chariots Truppenmanöver, darunter die berühmte Schildkrötenformation, Gladiatorenkämpfe und sogar die Bedienung des Katapults vorgeführt. Nicht nur für Kids eine spannende, knapp 1-stündige Show!
The Roman Army and Chariot Experience
Jerash][**Tel. 02/634 24 71**
www.jerashchariots.com
Sa–Mo, Mi, Do 11 und 14 Uhr, Fr 10 Uhr. (Achtung: zu Redaktionsschluss im Frühjahr 2013 vorübergehend keine Vorführungen!)

Sport und Aktivitäten

Wandern

Wanderern bietet Jordanien vielfältige Möglichkeiten. Allerdings sind Wanderrouten nur selten ausgeschildert, ebenso wenig gibt es gutes Kartenmaterial. GPS-Geräte arbeiten in schmalen Wadis nicht immer zuverlässig. Wanderungen mit lokalen Guides haben den Vorzug, dass sie in der Regel Informationen über Flora und Fauna sowie über Alltag und Traditionen des Landes bieten; einige Wanderungen sind nur mit Führer möglich.

Die besten Gegenden für Wanderungen und Treks sind die Naturreservate von Ajlun, Dana und Wadi Mujib, das südliche Bergland um Petra und das Wadi Rum.

■ **Royal Society for the Conservation of Nature (RSCN)**
Amman][Tel. 06/461 65 23][www.rscn.org.jo
Organisiert ein- bis mehrtägige Touren in den Nature Reserves.

■ **Yamaan Safady**
Amman][Tel. 079/564 19 11][www.adventurejordan.com
Bietet im Sommer (März–Okt.) Touren z.B. im Wadi Hasa und Wadi Yabis an.

■ **Petra Moon Tourism Services**
Petra][Tel. 03/215 66 65][www.petramoon.com
Spezialisierte Agentur mit mehrtägigen Trekkingprogrammen,
u.a. auch Pferdetrekking.

■ **Nomad – Reisen zu den Menschen**
D-54568 Gerolstein][Tel. 0 65 91/94 99 80][www.nomad-reisen.de
Anbieter außergewöhnlicher Trekkingreisen u.a. in Jordanien,
auch für Individualreisende.

Kameltrekking

Wie Lawrence von Arabien auf dem Kamel durch die Wüstenwelt des Wadi Rum zu reiten ist ein unvergessliches Erlebnis. Besonders stimmungsvoll sind Ausritte bei Vollmond.

Es macht einen himmelweiten Unterschied, ob Sie ein Kamel selbst reiten und zügeln oder ob vorneweg ein Beduine das Kamel führt. Denn wenn Sie es selbst lenken, kann das Kamel gleichmäßig ausschreiten, sodass Sie nicht nur schneller vorankommen, sondern auch viel entspannter und ruhiger. Da der Holzsattel *shadad* mit Decken gepolstert werden kann und einen guten Halt bietet, kann man gerade im Wadi Rum das Reiten auf Kamelen sehr gut lernen. Auch Anfänger sind willkommen.

Mehrtägige Kameltreks sollte man unbedingt vom Heimatland aus vorbuchen. Spezialisierte Beduinen bzw. Anbieter sind:

Das Wadi Rum ist ein beliebtes Kletterrevier

- **Attayak Ali**
Tel. 079/589 97 23][www.bedouinroads.com
- **Attayak Aouda**
Tel. 079/583 47 36][www.rumguides.com
- **Mzied Atieg**
Tel. 077/730 45 01][www.mzied.com
- **Nomad Reisen › S. 25**
- **Schulz Aktiv Reisen**
D-01099 Dresden][Tel. 03 51/26 62 55][www.schulzaktivreisen.de

Reiten

Reiter kommen im Wadi Rum auf ihre Kosten. Begleitfahrzeuge transportieren Gepäck, Wasser und Pferdefutter. Spezialist für Pferdetrekkings ist Rum Horses Stables (ca. 10 km vor Rum Village rechts der Straße im Ort Salhiya; die Ställe sind bereits von der Asphaltstraße aus zu erkennen). Neben mehrtägigen Touren für geübte Reiter gibt es auch Ausritte für Anfänger. Buchen Sie am besten vom Herkunftsland aus.
Rum Horses Stables
Tel. 03/203 35 08, Mobil-Tel. 079/580 21 08, rumhorses@yahoo.co.uk

Klettern

Ihren Ruf als spannendes Kletterrevier verdanken die griffigen Sandsteinfelsen des Wadi Rum v. a. dem britischen Bergsteiger und Buchautor Tony Howard. Es gibt verschiedene Routen mit unterschiedlichen Schwierigkeitsgraden. Als Tagestour für Eilige empfiehlt sich die Besteigung der Sieben Säulen der Weisheit direkt am Visitor Centre.

Einige Beduinen haben eine umfangreiche Ausbildung absolviert und können ein- bis mehrtägige Klettertouren organisieren. Auch diese

Touren sollte man unbedingt von Europa aus vorbuchen. Der Preis für eine ein- oder zweitägige Tour bewegt sich um die 150 JD. Die bekanntesten und besten Guides vor Ort sind:

■ **Sabbah Eidh**
Tel. 077/789 12 43][www.wadirumtravels.com
■ **Mohamad Hamad**
Tel. 077/735 98 56][www.bedouinguides.com
■ **Wadi Rum Mountain Guides**
Tel. 079/589 97 23][www.bedouinroads.com

Buch-Tipp Tony Howard: **Jordan – Walks, Treks, Caves, Climbs and Canyons** (Cicerone Press, 2008) und **Treks and Climbs in Wadi Rum** (Cicerone Press, 2010): Standardwerke zu Klettern und Wandern in Jordanien, erhältlich u.a. über www.cicerone.co.uk und in Jordanien.

Vogelbeobachtung

Jordaniens Lage zwischen Nordafrika und Kleinasien macht das Land zur Zwischenstation für Millionen von Zugvögeln. Im Wadi Dana › S. 105, das mehr als 200 Vogelarten beheimatet, organisiert die jordanische Naturschutzorganisation RSCN › S. 54 auch mehrtägige Vogelbeobachtungstouren.

Canyoning

Erste Adresse für die junge Erlebnissportart Canyoning ist das ganzjährig Wasser führende Wadi Mujib › S. 95 auf halber Höhe des Toten Meeres. Hier bietet die RSCN › S. 54 von April bis Oktober anspruchsvolle Canyoning-Touren an. Die Ausrüstung wird auf Wunsch gestellt. Sechs Strecken unterschiedlicher Schwierigkeitsgrade stehen zur Auswahl, schwierige Passagen sind durch Seile gesichert. Eine frühzeitige Buchung empfiehlt sich.

Mountainbiking

Einige Agenturen in Petra und Amman (z.B. www.labeduinatours.com, www.cycling-jordan.com › S. 21) bieten geführte Mountainbike-Touren an. Ansonsten können sowohl in der Feinan Ecologde (› S. 107, www.rscn.org.jo) als auch im Wadi Rum (› S. 132, www.jordanexplorers.com) Mountainbikes ausgeliehen werden.

Fliegen und Ballonfahren

Das Wadi Rum von oben? Ein Ultraleichtflugzeug macht es möglich. Wer will, kann sogar Flugunterricht nehmen. Die Alternative für Romantiker: im Fesselballon den Sonnenaufgang über dem Tal erleben. Der **Royal Aero Sports Club of Jordan** (am Flughafen in Aqabah, Tel. 03/205 80 50, www.rascj.com) verwirklicht alle hochfliegenden Wünsche und Pläne.

Wassersport

Aqabah, Jordaniens einzige Küstenstadt, gilt weltweit als attraktive Tauchdestination ❯ Special Unterwasserwelt S. 130. Schnorchelplätze erreicht man am besten auf einem Tagestrip mit dem Glasbodenschiff. Am Royal Diving Club kann man außerdem windsurfen.

Wellness und Heilquellen

Aus vielen Quellen – etwa bei Hammamet Ma'in – sprudelt heißes, mineralhaltiges Wasser ins Tote Meer. Dessen Schlamm enthält hautfreundliche Stoffe, und dem warmen, sehr salzhaltigen Wasser schreibt man therapeutische Wirkung etwa bei Kreislaufproblemen zu. Diese natürliche Heilkraft in Verbindung mit dem trockenen, reizarmen Klima machte die Gegend bereits vor 2000 Jahren zu einem berühmten Kurort. Die Hotels am Toten Meer und das neue Evason Spa in Hammamat Ma'in bieten umfassende Kur- und Wellnessprogramme auch für Tagesgäste ❯ auch S. 92 und 100.

Unterkunft

Das Mövenpick Hotel in Aqabah

Hotels

In Amman, Petra und Aqabah entsprechen die hochpreisigen Hotels europäischem Standard. Qualitätsabstriche gibt es bei Mittelklasseunterkünften und Billigherbergen. Inzwischen haben sich auch in Städten wie Irbid und Madaba kleinere, sehr saubere Hotels angesiedelt. Zudem hat die RSCN in den vergangenen Jahren um die Naturreservate von Ajlun, Azraq, Mujib und Dana teilweise zwar einfache, aber atmosphärisch ansprechende Ecolodges eingerichtet.

Seit einiger Zeit orientieren sich jordanische Hotelarchitekten vermehrt an traditionellen Bauten. So wurde in Taybet Zaman nahe Petra eine Siedlung aus dem 19. Jh. als Hoteldorf restauriert –

einschließlich Hamam, Handwerkszentrum und Museum. Eine ähnlich gelungene, an die traditionelle Dorfarchitektur anknüpfende Anlage ist das Hotel Mövenpick am Toten Meer.

In Amman ein Hotelzimmer zu bekommen ist während des gesamten Jahres kein Problem. In Aqabah dagegen empfiehlt es sich vor allem im Winter, von Europa aus zu reservieren. Hotels in Wadi Musa (Petra) sollten generell vorgebucht werden. Überhaupt ist es immer günstiger, bereits im Heimatland ein Hotelarrangement zu buchen.

Die Zimmerpreise entsprechen europäischem Standard. Hotels der Luxuskategorie berechnen einen Servicezuschlag von 10% plus Steuer. In der Regel gilt: Je kleiner das Hotel, desto flexibler die Preise, nachfragen lohnt sich.

Hostels und Camping

Hostels für Rucksackreisende gibt es in Amman, Aqabah und Wadi Musa (Petra). Im Wadi Rum und bei Petra kann man in fest installierten Camps schlafen, d.h. in traditionellen Beduinenzelten, die mit Betten ausgestattet sind. Die Sanitäranlagen werden gemeinschaftlich genutzt.

Falls Sie eine Campingtour in die Wüste planen, gehören Schlafsack, Isomatte und Taschenlampe zur Grundausstattung. Bitte achten Sie stets darauf, dass Sie keinen Müll hinterlassen, Ihr Toilettenpapier verbrennen (nicht vergraben) und sorgsam mit Feuerholz umgehen.

Hotels – naturnah, landestypisch, stylish

■ An klaren Tagen genießt man von den Terrassen der fünf schlichten Holz-Bungalows der RSCN im **Ajlun Forest Reserve** den Blick bis zum Libanongebirge. › S. 71

■ Luxus mit lokalem Flair: Das **Mövenpick Dead Sea** ist wie ein traditionelles jordanisches Dorf um einen hübschen Platz herum angelegt. › S. 93

■ Zu Gast bei Mönchen im **Pilgrim House**: Asketisch eingerichtete, aber penibel saubere Zimmer mit kleinem Bad und – mit etwas Glück – Blick auf die St.-Georgs-Kirche in Madaba. › S. 98

■ Edel und schlicht: das **Ma'in Evason Spa** mit ausgefeilten Wellness-Angeboten direkt unterhalb der heißen Quellen von Hammamat Ma'in. › S. 100

■ Ein Dinner bei Kerzenschein und Warmwasser aus der Solaranlage – die **Ecolodge der RSCN in Feinan** bietet statt lautem Komfort die Ruhe und Stille der Wüste. › S. 107

■ Leben wie anno dazumal, ohne auf Luxus zu verzichten? Für das **Taybet Zaman** bei Petra wurde ein altes Dorf komplett entkernt und renoviert. › S. 122

■ Wohnen bei Beduinen: Im **Ammarin Camp** bei Petra schlafen Sie in den traditionellen Buyut Sha'ar, den schwarzen Ziegenhaarzelten, und werden von den Frauen der Ammarin verköstigt. › S. 122

■ Schlafen unterm Sternenhimmel: **Campübernachtungen** im Wadi Rum. › S. 136

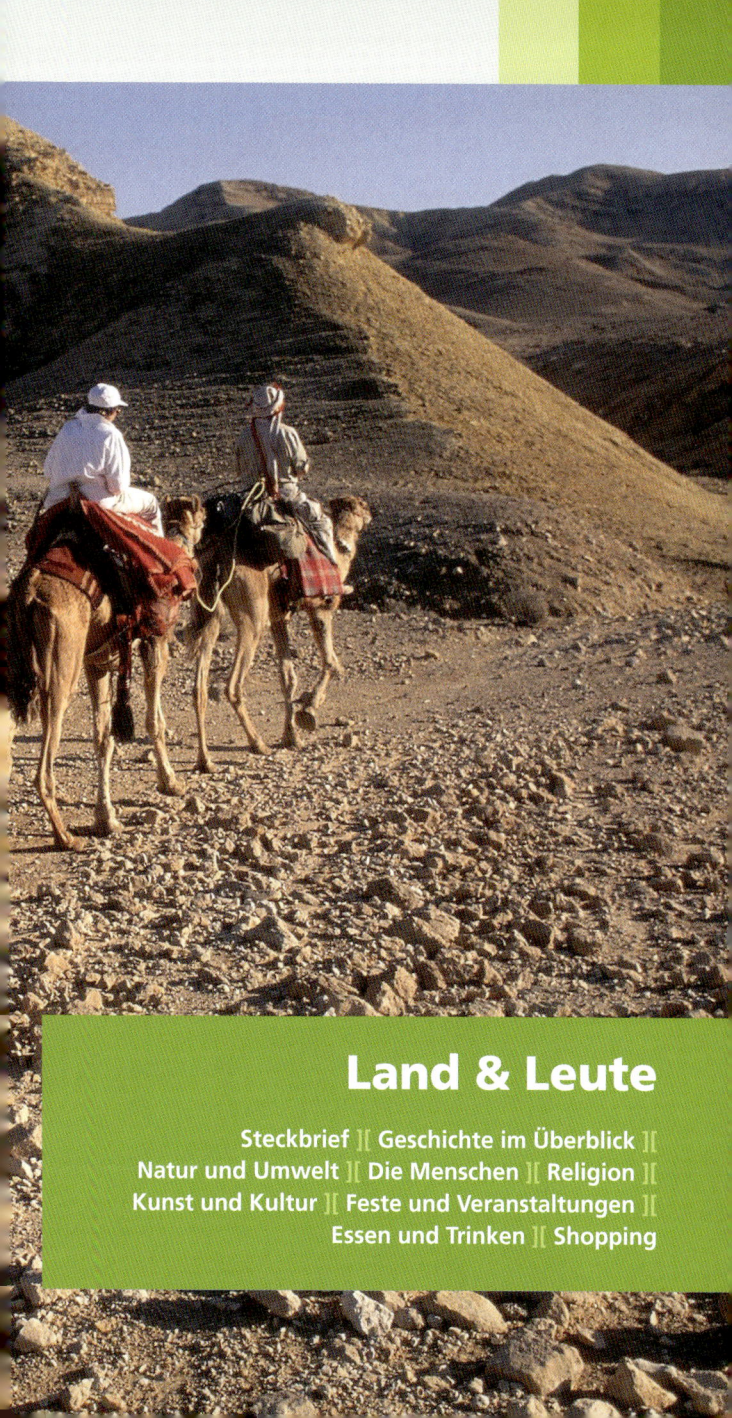

Land & Leute

Steckbrief
Jordanien

Staatsform: Konstitutionelle Erbmonarchie
Staatsoberhaupt: König Abdullah bin Hussein (seit 1999)
Wirtschaft: BIP 55 Mrd. JOD; Pro-Kopf-Jahreseinkommen 6000 US-$ (2012, Quelle CIA World Factbook)
Arbeitslosenrate: ca. 30% (inoffiziell), 12,3% (offiziell)
Landesvorwahl: 00962
Währung: Jordanischer Dinar (JOD, JD)
Zeitzone: MEZ + 1 Std. (April–Sept. + 2 Std)

Fläche: 89 342 km²
Einwohner: 6,5 Mio.
Hauptstadt: Amman, über 3 Mio. Einw.
Bevölkerungsdichte: 73 Einw./km²
Bevölkerungswachstum: 1% pro Jahr
Stadtbevölkerung: 82%
Zusammensetzung der Bevölkerung: 99% Araber, etwa 40 000 Tscherkessen, 6000 Armenier und 3500 Kurden. Mindestens die Hälfte der Bevölkerung ist palästinensischer Abstammung

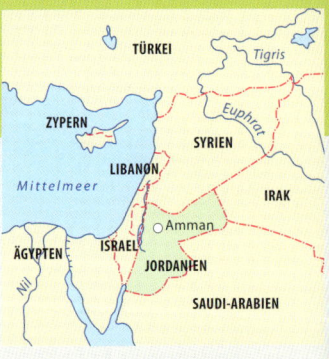

Lage und Landschaft

Seine geschichtliche und kulturelle Bedeutung verdankt Jordanien seiner Lage am Schnittpunkt zweier Großräume – der mediterranen Gebirgszone im Westen und dem flachen, ariden Wüstenraum im Osten. Auch kulturell ist das Land seit jeher zweigeteilt: Den fruchtbaren Westen prägen Siedlungen und Städte, der Osten war lange Nomadenland.

Durch das westliche Hügelland schneidet der Jordangraben, heute zugleich die Westgrenze Jordaniens. Das Tal ist Teil jener großen tektonischen Bruchlinie, die sich von hier bis nach Ostafrika erstreckt. Der Jordan mündet im Toten Meer – mit 392 m unter Meeresniveau tiefster Punkt der Erde. Südlich dieses Salzsees (Salzgehalt über 30%) setzt sich der Jordangraben im trockenen Wadi Arabah fort und erreicht bei Aqabah das Rote Meer.

Von Nord nach Süd misst Jordanien rund 380 km, von Ost nach West rund 400 km. Nachbarn sind im Norden Syrien, im Nordosten der Irak, im Osten und Süden Saudi-Arabien, im Westen Israel und das seit 1967 israelisch besetzte Westjordanland.

Politik und Verwaltung

Das Haschemitische Königreich Jordanien (arab.: *al-Mamlaka al-Urduniyya al-Hashmiyya*) ist eine konstitutionelle Monarchie.

Die Dynastie der Haschemiten führt sich auf Hashim zurück, den Urgroßvater Mohammeds, und stellte traditionell die sharifischen Emire von Mekka. Hussein, seit 1907 Sharif von Mekka, erklärte sich 1917 zum König von Arabien, herrschte aber nur im Küstengebiet des Hijaz.

1921 wurde sein Sohn Feisal König von Irak, sein Sohn Abdullah Emir von Transjordanien. Im Irak wurden die Haschemiten 1958 gestürzt, in Jordanien sind sie bis heute an der Macht. Staatsoberhaupt ist seit 1999 König Abdullah II. Er ernennt Regierung und Ministerpräsidenten, die 40 Mitglieder des Oberhauses sowie die Richter. Das Unterhaus wird von allen Bürgern über 18 Jahren gewählt. Frauen besitzen das aktive und passive Wahlrecht.

Jordaniens politische Stabilität ist ein Erbe König Husseins, der über 40 Jahre lang regierte. Seine Frau, eine Amerikanerin, die als Hussein al Nur (Husseins Licht) sehr schnell beliebt wurde, drängte ihn dazu, kurz vor seinem Tode 1999 anstelle seines Bruders Hassan seinen ältesten Sohn Abdullah zum König zu bestimmen.

König Abdullah II., der mit der Palästinenserin Rania al-Yasin verheiratet ist, hat sich aufgrund einer überlegten Außenpolitik, moderaten Reformen und seines Vorgehens gegen Korruption als würdiger Nachfolger erwiesen.

Wirtschaft

Obwohl nur 4% des Landes landwirtschaftlich nutzbar sind, bildet der Obst- und Gemüseanbau auch heute noch eine wichtige Einkommensquelle im ländlichen Raum. Bodenschätze sind Phosphate aus der Wüste und Kali aus dem Toten Meer. Wichtige Unternehmen sind eine Düngemittelfabrik in Aqaba, die Erdölraffinerie in Zarqa sowie Betriebe zur Herstellung von Zement, Textilien und Getränken. Wichtigste Herausforderung für die Zukunft wird der gravierende Wassermangel sein.

Der Außenhandel ist stark defizitär. Exportgüter sind Chemikalien, Phosphate, Pottasche sowie Obst und Gemüse, importiert werden neben Industriegütern vor allem Maschinen, Fahrzeuge, Brennstoffe und Nahrungsmittel.

Im Zuge des libanesischen Bürgerkriegs hat Amman die Position Beiruts als Handels- und Finanzzentrum des Nahen Ostens übernommen und während des Irakkrieges ausgebaut. Die globale Finanzkrise hat die Exporte dramatisch schrumpfen lassen. Eine große zusätzliche sozioökonomische Belastung stellen die seit Ausbruch des Bürgerkriegs in Syrien zu Zehntausenden ins Land strömenden Flüchtlinge dar.

Geschichte im Überblick

Um 9000 v.Chr. Entstehung erster Siedlungen in Jericho und Beidha.

3. und 2. Jt. v.Chr. Mehrere semitische Stämme, darunter die Edomiter, Moabiter und Ammoniter wandern, aus Mesopotamien kommend, in das Gebiet des späteren Palästina, Jordanien und Syrien, ein.

1480 v.Chr. Nach der Schlacht bei Megiddo fallen Palästina und das Jordanland an Ägypten.

Um 950 v.Chr. Davids Sohn Salomo errichtet in Jerusalem den ersten Tempel.

539 v.Chr. Kyros II. macht Palästina zur persischen Provinz.

4./5. Jh. v.Chr. Die Nabatäer, ein Beduinenstamm aus dem Nordwesten der Arabischen Halbinsel, lassen sich im Gebiet der Edomiter nieder und gründen Petra.

332–ca. 200 v.Chr. Alexander der Große marschiert in Palästina ein. Auf ihn folgen die auf jordanischem Gebiet miteinander konkurrierenden Diadochenreiche der Ptolemäer und Seleukiden; Hellenisierung des Landes.

167 v.Chr. Von den Römern unterstützt, erheben sich die Juden gegen die Seleukiden.

64/63 v.Chr. Pompeius erobert Damaskus und Palästina, das er in Judäa umbenennt. Die sog. Dekapolis umfasst zehn Städte, u.a. Philadelphia (Amman), Gerasa (Jerash), Gadara (Umm Qays), Pella und Dion (Irbid).

106 n.Chr. Die Nabatäer unterwerfen sich freiwillig Rom; ihr Gebiet wird der Provincia Arabia zugeschlagen.

4. Jh. Nach der Teilung des Römischen Reichs gehört Palästina zu Ostrom.

622 Mohammeds Wanderung von Mekka nach Medina markiert den Beginn der islamischen Zeitrechnung.

629 Moslemische Truppen erobern Jerusalem, Ägypten und Syrien.

661–750 Kalifat der Ummaijaden mit Damaskus als Hauptstadt. Die Wüstenschlösser entstehen.

750 Die Abbasiden lösen die Ummaijaden ab und verlegen den Regierungssitz nach Bagdad.

980 Die Fatimiden erobern Palästina.

1071 Die turkstämmigen Seldschuken erobern das Jordanland.

1099 Während des Ersten Kreuzzugs nehmen die Franken Jerusalem ein; die Kreuzfahrer bauen Burgen, u.a. Kerak und Shawbak.

1187 Saladin fügt den Christen bei Hattin eine entscheidende Niederlage zu und erobert wenig später Jerusalem.

1291 Die Franken werden aus der Levante vertrieben. Neue Herrscher sind bereits seit 1250 die Mamelucken.

1516 Nach der Eroberung von Konstantinopel 1453 verleiben die Türken ihrem Reich Syrien und Palästina ein.

Um 1900 Nach dem ersten Zionistenkongress in Basel (1897) beginnen Juden nach Palästina einzuwandern.

1914–1918 Im Ersten Weltkrieg ist das Osmanische Reich mit Deutschland verbündet. Die Araber erheben sich unter Führung Scheich Husseins von Mekka und mit Unterstützung Großbritanniens gegen die Türken. Ihr Ziel ist die Loslösung vom osmanischen Reich und Bildung eines gesamtarabischen Staates. Im Sykes-Picot-Abkommen (1916) teilen Franzosen und Briten den Nahen Osten allerdings in eigene Interessensphären auf. Kurz danach verspricht London in der Balfour-Deklaration den Juden die Errichtung einer »nationalen Heimstatt« in Palästina. Die zuvor den Arabern gemachten Zusagen widersprechen dem, der Grundstein des heutigen Israel-Palästina-Konfliktes ist gelegt.

1920 Zwei Jahre nach Zusammenbruch des Osmanischen Reichs erhält Großbritannien vom Völkerbund das Mandat über Palästina und das Ostjordanland. Syrien wird französisches Mandat.

1921 Die Briten setzen Abdullah, den zweiten Sohn des Scherifen Hussein von Mekka, als Herrscher über Transjordanien ein.

25. Mai 1946 Das bisherige britische Mandat Transjordanien wird unabhängige Monarchie.

1948 Nach dem Rückzug der Briten und der Unabhängigkeitserklärung Israels kommt es zum ersten Nahostkrieg: arabische Truppen besetzen die Westbank mit Ostjerusalem.

1950 Transjordanien wird mit der Westbank und der Altstadt Jerusalems zum »Haschemitischen Königreich Jordanien« vereinigt.

1953 Nach der Ermordung König Abdullahs 1951 und der Abdankung König Talals wird Abdullahs Enkel Hussein gekrönt.

1956 Zweiter Nahostkrieg: Israel marschiert in den Sinai ein.

1967 Israel besetzt im Sechstagekrieg die Westbank und Ostjerusalem.

1970 Im »Schwarzen September« zerschlägt die königliche Armee bewaffnete Einheiten der PLO in den Flüchtlingslagern.

1973 Im Jom-Kippur-Krieg unterstützt Jordanien Syrien militärisch am Golan gegen Israel.

1974 König Hussein erkennt die PLO als alleinige Vertretung der Palästinenser an.

1984 Das Parlament wird, zehn Jahre nach seiner Suspendierung, wieder eingesetzt und das Frauenwahlrecht eingeführt.

1988 Ausbruch der »Intifada« – ein Aufstand der Palästinenser in der Westbank und in Gaza. König Hussein verzichtet auf das Westjordanland und Jerusalem.

1991 Im Golfkrieg sympathisiert Jordanien wie schon beim Irak-Iran-Krieg mit Bagdad.

1994 Im Mai unterzeichnen Israel und die PLO das Gaza-Jericho-Abkommen, im Juli beenden Jordanien und Israel den seit 1948 währenden Kriegszustand.

1995 Autonomieabkommen für das Westjordanland in Washington. Friedensvertrag zwischen Jordanien und Israel.

1999 Tod König Husseins. Sein Sohn Abdullah wird König.

2005 Nach dem Tod Yasser Arafats und dem Verebben der 2. Intifada entsendet Amman wieder einen Botschafter nach Israel.

2007 Einrichtung einer Frauenquote von 20% in den kommunalen Parlamenten.

2008 Ca. 500 000 irakische Flüchtlinge verschärfen die Wohnungsnot in Jordaniens Städten und tragen zu einem enormen Anstieg der Lebenshaltungskosten bei.

2009 Papst Benedikt XVI. besucht im Rahmen seiner Nahostreise auch Jordanien; Stationen sind u.a. Amman, die Taufstätte Jesu und der Berg Nebo.

2013 Der Bürgerkrieg in Syrien belastet, nicht zuletzt durch die großen Flüchtlingsströme (ca. 300 000 Syrer binnen zwei Jahren), auch stark Jordaniens Wirtschaft und Innenpolitik.

Natur und Umwelt

Die regenreicheren Gebiete des Landes waren noch vor drei Generationen teils dicht bewaldet. Rigorose Abholzung und Überweidung haben jedoch beiderseits des Jordan nur noch geringe Bestände an Steineichen, Eukalyptus-, Akazien-, Maulbeer- und Olivenbäumen übrig gelassen. Die Wüsten und Steppen des Ostens weisen eine sehr spärliche Flora aus kargen Dornsträuchern und wermutähnlichen Gewächsen auf. Nach den Frühjahrsregen sprießt dort für kurze Zeit eine überraschend bunte Pflanzenwelt.

Die Fauna Jordaniens ist recht spärlich. In der Wüste leben Kamele, Wüstenfüchse und Schakale. Gazellen und Antilopen, darunter die langhörnigen Oryx, sind bis auf Restbestände im Reservat von Shawmari (❯ S. 85) ausgerottet. Löwe, Bär und Leopard sind ebenfalls verschwunden. Im Naturschutzgebiet Dana (❯ S. 105) haben allerdings eine Reihe von Säugetieren wie Ibex (Steinbock), Berggazelle, Sandkatze, Fuchs und Wolf eine sichere Zuflucht gefunden.

Entlang der Flüsse Jordan und Yarmuk ist eine reiche Vogelwelt heimisch. Zugvögel schätzen die Oase Azraq (❯ S. 84) als Rastplatz.

Die Menschen

Die Bevölkerung Jordaniens wird auf rund 6,5 Mio. geschätzt. 1,7 Mio. davon sind bei der UN als Flüchtlinge deklariert; inoffizielle Schätzungen sprechen von 3,5 Mio. Hinzu kommen Hunderttausende irakische und syrische Flüchtlinge. Angesichts eines mutmaßlichen Palästinenseranteils von über 60% gesteht Jordanien den Palästinensern als einziges arabisches Land volle Staatsbürgerrechte zu. Die latenten Differenzen zwischen zugewanderten und gebürtigen Jordaniern treten bei politischen Krisen regelmäßig zutage. Größte ethnische Minderheit sind die rund 40 000 Tscherkessen, die im 19. Jh. aus dem Kaukasus immigrierten. Daneben existieren Gruppen von Armeniern, Kurden und Türken.

Die ursprünglich überwiegend beduinische Gesellschaft ist weitgehend urbanisiert. Ein bis vor kurzem sehr hohes Bevölkerungswachstum und der Arbeitsplatzmangel auf dem Land verstärken die Landflucht. Etwa 80% der Jordanier leben in Städten, davon über 3 Mio. im Großraum Amman. Nur etwa 40 000 Jordanier leben noch als Nomaden, jedoch besitzen die Beduinenstämme bis heute großen gesellschaftlichen Einfluss und gelten als wichtige Stützen der Monarchie.

Bedingt durch die Kriege 1948 (Gründung des Staates Israel) und 1967 (»Sechstagekrieg« mit israelischer Besetzung der Westbank) erreichten die palästinensischen Flüchtlinge Jordanien in zwei großen Wellen. Während die 1948er-Generation heute als gut integriert gilt, leben viele palästinensische Familien der zweiten Welle nach wie vor in Flüchtlingscamps und fordern die Rückkehr in ihr Heimatland.

Religion

95% der jordanischen Bevölkerung sind sunnitische Muslime. Eine kleine Minderheit bilden die muslimischen Glaubensrichtungen der Schiiten und Drusen. Die weniger als 5% meist griechisch-orthodoxen Christen leben in der Gegend von Madaba.

Der Islam (»Ergebung in den Willen Gottes«) wurde zwischen 610 und 632 von Mohammed in Mekka und Medina gestiftet und ist die jüngste der monotheistischen Weltreligionen mit weit über 1 Mrd. Anhängern. Er gründet sich auf die Lehre des Koran, das Vorbild (arab.: *sunna*) des Propheten und die heilige Überlieferung (arab.: *hadith*). Dazu kommen Entscheidungen der obersten Theologen, die in das religiöse Recht, die *sharia*, Eingang gefunden haben.

Der Islam schreibt das Bekenntnis zur Einheit Gottes (*allah*) und das täglich fünfmalige Gebet vor. Die Gläubigen sollen Almosen geben, während des Fastenmonats Ramadan tagsüber nichts zu sich nehmen und wenigstens einmal im Leben die Wallfahrt (*hadj*) zur Ka'aba nach Mekka unternehmen. Diese fünf Grundregeln gelten als die »Fünf Säulen des Islam«. Anders als im Christentum gibt es weder Priesterweihe noch Sakramente. Alkohol und Schweinefleisch sind tabu.

Obwohl Muslime überall beten können, ist es doch verdienstvoller, dies in einer Moschee zu tun. Moschee (arab.: *masdjid*) bedeutet »Ort, an dem man zum Gebet niederfällt«. Der mit Matten oder Teppichen ausgelegte Innenraum ist aufgrund des islamischen Bilderverbots sehr schlicht. Ungläubigen ist in Jordanien der Zutritt zu den Gotteshäusern grundsätzlich erlaubt; vor dem Betreten sind die Schuhe auszuziehen.

Kunst und Kultur

Seit jeher befindet sich Jordanien kulturell wie politisch im Spannungsfeld zwischen dem mediterranen Raum und der Arabischen Halbinsel, zwischen Mesopotamien und Ägypten. Die vielfältigen Einflüsse haben ein reiches kulturelles Erbe hinterlassen, angefangen bei Ammonitern, Israeliten und Nabatäern über Babylonier, Römer und Byzantiner bis hin zu Arabern, Kreuzrittern und Osmanen.

1982 traten bei Ausgrabungen in einem Vorort Ammans Überreste von Hausmauern des 8. Jts. v.Chr. zutage. Weitere Funde wiesen die Siedlung als wichtige Handelsstation der Bronzezeit mit Beziehungen nach Griechenland, Mesopotamien, Syrien und Zypern aus. Um 1200 v.Chr. wurde Rabath Ammon, das heutige Amman, zur Hauptstadt der Ammoniter und stand in engem Kontakt zu Jerusalem.

Im 4. Jh. v.Chr. begann sich der hellenistische Einfluss auf das jordanische Gebiet auszuwirken.

Städtebau

In Petra verbanden nabatäische Architekten griechische, assyrische und babylonische Stilelemente zu einer weltweit einzigartigen Stadtanlage.

Das ammonitische Rabath Ammon erhielt unter Ptolemäus II. Philadelphus sein bis heute erkennbares hellenistisches Gepräge sowie den Namen Philadelphia. Die römische Vorherrschaft brachte für die Handelsstädte östlich des Jordan eine Blütezeit mit sich. Philadelphia (Amman) wurde im klassisch-römischen Stil ausgebaut und erweitert.

In Petra führte die Präsenz Roms zu einem fast barocken Stilgemisch. Die am besten erhaltene Stadt jener Zeit ist Jerash, das antike Gerasa.

Im 1. Jh. v.Chr. ersetzten römische Stadtplaner den nabatäischen Ortskern durch eine Anlage mit Forum, Jupitertempel, Kolonnadenstraße, Bädern, Theatern, Toren und Triumphbögen.

Kirchenbau

Nach Anerkennung des Christentums durch Konstantin (313 n.Chr.) setzte in der Region ein wahrer Kirchenbauboom ein. In der Folge entstand der byzantinische Basilika-Baustil, der sich durch hochwertige Mosaike auszeichnete. In Jordanien existieren noch viele Kirchen aus dieser Zeit. Die berühmtesten Mosaike sind in Madaba zu sehen, darunter eine Landkarte von Palästina und Jordanien um 560 n.Chr. ❯ S. 94.

Einzug des Islam

Nach der Schlacht am Yarmuk (636 n.Chr.) wurde Palästina islamischer Herrschaftsbereich. Die

Hauptattraktion in der St.-Georgs-Kirche von Madaba ist die Palästina-Karte

ummaijadischen Kalifen ließen 20 Wüstenschlösser auf dem Gebiet Jordaniens, Israels und Syriens errichten ❯ S. 79. Bei Aqabah entstand im 7. und 8. Jh. n.Chr. die frühislamische Stadt Aylah.

Durch die Verlagerung des Kalifats nach Bagdad (750 n.Chr.) und die Kreuzzüge (ab 1096 n.Chr.) sind aus dieser Blütezeit islamischer Kultur in Jordanien kaum Zeugnisse erhalten. In den folgenden Jahrhunderten beschränkten sich die baulichen Aktivitäten vornehmlich auf die Errichtung von Festungsanlagen und den Ausbau Jerusalems durch die Christen. Beispiele der fränkischen Burgenarchitektur in Jordanien sind der Crac de Moab in Kerak und Mons Realis bei Shawbak.

Osmanische Eroberung

Nach der Vertreibung der Kreuzritter und den Eroberungszügen der Osmanen verloren die wenigen städtischen Zentren weiter an Bedeutung. Aqabah erhielt im 14. Jh. eine Burg zum Schutz der Mekkapilger aus Ägypten. Die wichtigsten architektonischen Maßnahmen konzentrierten sich auf Jerusalem, wo Suleiman der Prächtige den Felsendom mit türkischen und persischen Fayencen auskleiden ließ.

Tradition und Moderne

Traditionelles Kunsthandwerk in Amman

Im Souterrain des quirligen Suqs verbergen sich wahre Fundgruben für alte Metallwaren. Hier gibt es etwa »Dallah«, die typischen Messing-Schnabelkannen.

Wenig weiter nördlich, an der King Faisal Street, liegt der Goldsuq. Die barocken arabischen Formen begeistern vor allem jordanische Bräute, die sich hier ihren Brautpreis aussuchen dürfen.

■ **Metallhändler- und Goldsuq**
zwischen Al Quraysh und Al Malek Talal Street
■ **Al-Burgan** > S. 59
■ **Artisana** > S. 59

Beduinische Tradition im modernen Design

Handgearbeitete Decken, Brieftaschen, bestickte Tücher und Leinentaschen bietet Jordan River Designs, ein vom Königshaus unterstütztes Selbsthilfeprojekt für Kinder, die hier traditionelles Kunsthandwerk erlernen.

Al-Aydi – »die Hände« – fertigt palästinensische Gobelins, kreuzstichverzierte Kleider, Beduinenteppiche, Silberschmuck und Holzobjekte von höchster Qualität. Viele der Produkte stammen aus Frauenkooperativen.

■ **Jordan River Designs**
Abu Bakr al-Siddiq St. (Rainbow St.)
1st Circle][**Tel. 06/461 30 81**
www.jordanriver.jo
Sa–Do 9–18 Uhr
■ **Al-Aydi Jordan Craft Centre**
> S. 59

Keramik

Das Salt Handicraft Centre der Noor Al Hussein Foundation verkauft v.a. Tonerzeugnisse > S. 60.

Salt Handicraft Training Centre
Nageb al-Daboor District
Tel. 05/355 17 81
So–Do 8–15 Uhr.

Webteppiche

Traditionell sind Beduinen-Web-teppiche aus Schafs- und Ziegen-wolle. Aus den überlieferten Tech-niken und Mustern haben sich renommierte Kunstschulen ent-wickelt, deren Produkte die unten stehenden Manufakturen zum Festpreis anbieten.

■ **Bani Hamida House**

〉 Exkurs S. 101

■ **Hareth Jdoudna**

Talal St.][Madaba

Tel. 05/324 86 50

www.haretjdoudna.com

Silber

In der Silberwerkstatt des RSCN in Dana fertigen Frauen des Ortes kunstvollen, zum Teil sehr mo-dern wirkenden Silberschmuck (〉 S. 106; tgl. 8–15 Uhr).

Sandflaschen

Die bunten Sandsteinfelsen von Petra haben ein ganz besonderes Handwerk hervorgebracht: Bilder aus Sand, in Flaschen gefüllt und über Jahre haltbar.

Sandcastle

Wadi Musa, zwischen Silk Road Hotel und Visitor Centre

Tel. 079/570 50 64

www.petrasandcastle.com

Junge Kunst

Moderne Bildhauerei neben den Ruinen einer byzantinischen Kir-che, Sommerkonzerte im Skulp-turengarten, abstrakte Kunst und traditionelle Malerei: Mit dem Kulturzentrum Darat al-Funun hat der bekannte jordanische Künstler Amar Khammesh ein kreatives Kleinod geschaffen. Mehr als ein Dutzend Galerien in Amman bieten Werke zeitgenös-sischer jordanischer Künstler und Künstlerinnen zum Verkauf.

■ **4 Walls Gallery**

Sheraton Amman Al Nabil Hotel 5th Circle][Tel. 06/465 84 27

■ **Darat al-Funun** 〉 auch S. 58

Nimer bin Adwan St.

Downtown

Tel. 06/464 32 51

www.daratalfunun.org

■ **National Gallery of Fine Arts**

〉 S. 57

■ **The Gallery**

Hotel InterConti][Jebel Amman Tel. 06/465 84 27

■ **Nabad**

46 Uthman bin Affan St.][1st Circle Jebel Amman][Tel. 06/465 50 84 www.nabadartgallery.com

■ **Orfali Gallery**

Kufa St. 46Umm][Umm Uthayna www.orfali.net

■ **Foresight32 Gallery**

Ibn Al Roumi St. 32][Umm Uthayna www.foresightartgallery.com

■ **Silsal Ceramics**

Innabeth St., nahe 5th Circle North Abdoun

Tel. 06/593 11 28][www.silsal.com

Feste und Veranstaltungen

Religiöse Feiertage

Jordanien ist ein muslimisches Land, das andere Religionsgemeinschaften respektiert. Dennoch orientieren sich die meisten religiösen Feiertage am islamischen Mondkalender (dieser verschiebt sich gegenüber dem gregorianischen Kalender jeden Tag um einige Tage), darunter das Große Opferfest am Ende des Pilgermonats, *ihd al-adha* (15. Okt. 2013, 4. Okt. 2014, 23. Okt. 2015), der Geburtstag des Propheten, *maulid an-nabi* (13. Jan. 2014, 3. Jan. 2015), das islamische Neujahr, *muharram* (4. Nov. 2013, 25. Okt. 2014, 14. Okt. 2015) und das Fest des Fastenbrechens, *ihd al-fitr* (8. Aug. 2013, 28. Juli 2014, 17. Juli 2015).

Während des Fastenmonats Ramadan ist den Gläubigen zwischen Sonnenauf- und -untergang Essen, Trinken und Rauchen untersagt (außer Kindern, Kranken und schwangeren bzw. stillenden Frauen). Der Alltag verläuft gemächlicher als sonst. Erst in den Abendstunden füllen sich die Shopping Malls und Suqs, Restaurants sind bis tief in die Nacht geöffnet, und es herrscht Feiertagsstimmung. Das macht den Besuch des Landes in dieser Zeit zu einem besonderen Erlebnis, zumal Touristen problemlos auch tagsüber etwas zu essen und trinken zu bekommen. (Ramadan-Beginn: 9. Juli 2013, 28. Juni 2014, 17. Juni 2015)

Zum *ihd al-adha* , dem Großen Opferfest, schlachtet jede Hausgemeinschaft ein Tier und verteilt einen Teil des Fleisches unter den Bedürftigen. Überall im Land unternehmen die Familien gemeinsame Ausflüge und besuchen Freunde oder Verwandte. In den größeren Städten sind die Vergnügungsparks ein beliebtes Ziel, auf dem Land sorgen Kamel- und Pferderennen für Unterhaltung. Auch Gäste sind bei all dem gern gesehen.

Die besten regelmäßig stattfindenden Events

■ **Jerash Chariots:** Im Hippodrom von Jerash marschieren römische Legionäre auf, werden antike Wagenrennen und Gladiatorenkämpfe inszeniert. ❯ S. 24

■ **Petra by Night:** Kerzen tauchen das Schatzhaus in Petra dreimal wöchentlich in märchenhaftes Flackerlicht, untermalt von mystischer Musik der Beduinen. Infos und Karten im Visitor Centre. ❯ S. 116

■ **Petra Kitchen:** Unter Anleitung eines professionellen Kochs erlernt man in einem Abendkurs die Zubereitung typisch arabischer Speisen – zusammen mit Teilnehmern aus aller Welt. ❯ S. 122

■ **Kamelrennen im Wadi Rum:** im Winterhalbjahr meist freitags; im Visitor Centre oder direkt bei den Beduinen nach den Terminen erkundigen und mitfiebern!

Veranstaltungen und Festivals

März/April: Die moderne Theaterszene trifft sich auf dem **Amman International Theatre Festival,** das jährlich ab dem 27. März stattfindet. Gezeigt wird eine kleine, aber feine Auswahl vornehmlich arabischer, aber auch freier europäischer Produktionen.

April/Mai: Dead Sea Marathon (www.deadseamarathon.com) von Amman zum tiefsten Punkt der Erde. **Jordan Rally** *(www.jordanrally.com)*. Der FIA-Rally-Weltmeisterschaftslauf wird nahe dem Toten Meer ausgetragen. **The Jewel that is Jordan** (www.thejewelevents.com), eine hochkarätig besetzte Oldtimer-Rallye entlang wechselnder Routen quer durch das Land – Dekadenz auf vier Rädern und gleichzeitig eine Augenweide.

Juli/August: Jordan Festival (www.jerashfestival.jo). Das etablierte **Jerash Festival** findet unter dem Schirm des Jordan Festival statt, mit Tanz- und Ballettabenden, Konzerten, Theater und Opernaufführungen an ausgewählten Plätzen im Land u.a. Jerash, Petra, Aqabah). Beim **Palm Festival** in Ma'an erlebt man das kulturelle Erbe der Beduinen mit Poesie, Volksmusik und -tanz. Das **Global Village** in Amman hat volksfestartigen Charakter und bietet neben Kulturevents auch gute Einkaufsmöglichkeiten.

September: Folkloremusik, Tanz, Kulinarisches Erleben und Kunsthandwerk on Show beim **Mosaic Festival** in Madaba, jeweils am ersten Sept.-Wochenende.

Dezember: Glanzvoller Jahresausklang beim Internationalen **Feuerwerkfestival** in der Bucht von Aqaba vom 29. bis 31. Dez.

Essen und Trinken

Essen als Ritual

Essen ist in der arabischen Welt ein Ritual von großer sozialer Bedeutung. Das erklärt sich aus der nomadischen Herkunft arabischer Gesellschaften: In Wüsten und Steppen bedeuten Mahlzeiten einen täglichen Sieg über die lebensfeindliche Umwelt.

Wie in Syrien und im Libanon bestimmt auch in Jordanien die reiche levantinische Küche den Speiseplan. Eine Mahlzeit beginnt

Bunte Gewürzpalette

mit den *mezze*, bis zu 40 verschiedenen Appetithappen, darunter *tabuleh* (gehackte Petersilie mit Tomaten, Minze und bulghur) und *hummus bi-l-tahina* (pürierte Kichererbsen mit Salz, Zitronensaft, Sesam- und Olivenöl). *Baba ghannush* ist ein Püree aus angebratenen Auberginen, die mit Zitrone, Knoblauch und Sesamöl zu einem Brei verrührt. *Malfuf* sind Kohlrouladen, die Füllung besteht aus Schaffleisch und Reis.

Als Hauptgang wird meist Geflügel- oder Lammfleisch mit Reis und Gemüse serviert. In Jordanien gilt *mansaf*, das Festessen der Beduinen, als Nationalspeise. Auf Platten wird Reis mit Mandel- und Pinienkernen aufgehäuft und darüber gekochtes Hammelfleisch samt Soße gegossen. Ganz anders *maqlubah*, ein Eintopf aus Gemüse, Reis und Hühnchen. Berühmt ist das hauchzarte *shrak*, ein Fladenbrot aus ungesäuertem Teig, das auf einer Art umgedrehter Schüssel über dem Feuer gebacken wird.

Alkohol sollten Sie ausschließlich in lizensierten Hotels und Restaurants trinken. Zwar bekommen Sie ihn auch in speziellen Läden, aber Zurückhaltung ist in jedem muslimischen Land auch ein Gebot des Respekts vor den Gastgebern. Im nördlichen Bergland, also in den eher christlich geprägten Landstrichen, wird ein lokaler Weißwein produziert, den man in den Restaurants in Fuheis oder Kerak kosten kann.

Halawa und Kaffee

Halawa und *baklava* sind ein Willkommensgruß für Besucher, Leckerei zwischen den Mahlzeiten oder am späten Abend. Die sinnliche Komposition besteht aus Nüssen, Mandeln, Honig sowie Jasmin-, Rosen- oder Orangenblütenwasser. Grundsubstanz sind gemahlene Sesamsamen, die mit verschiedenen Zutaten in großen Blöcken hergestellt werden.

Echt gut!

Lokale Küche in außergewöhnlichem Ambiente

■ Palästinensische Küche – besonders die traditionelle *fattah* – genießt man unter schattigen Bäumen in einem alten Gehöft im **Zuwwadeh**, nahe Amman. ❯ S. 60

■ Stilvoll speist man im **Dead Sea Panorama Restaurant**: eine reiche Auswahl an *mezze* und köstliche marinierte Lammkoteletts mit Blick über das Tote Meer. ❯ S. 94

■ Im **Bethany Touristic Restaurant** an der Taufstätte Jesu ist der mit Koriander gewürzte Tilapia-Fisch zu empfehlen. ❯ S. 95

■ Das Restaurant **Hareth Jdoudna** in einem restaurierten Gehöft in Madaba besticht mit im Holzkohlenofen gegarten Gemüsegerichten und Köstlichkeiten vom Grill. Im Winter wärmt ein Kaminfeuer. ❯ S. 99

■ Im **Kir Heres Restaurant** in Kerak kann man diverse Variationen des lokalen *halloumi*-Käses bei einem Glas lokal produzierten Weißweins probieren. ❯ S. 104

■ In der **Cave Bar** in Petra serviert man in einem alten nabatäischen Grab gute Drinks und ein original nabatäisches Menü in dünnwandigen Tonschalen. ❯ S. 122

So können unterschiedlich dicke Scheiben abgeschnitten werden. Wunderbar süß ist das arabische Nationalgebäck Baklava aus Phyllo-Teig, das in Rhomben oder Quadrate geschnitten zum Kauf angeboten wird.

Den Abschluss eines üppigen Mahls bildet eine Tasse Tee oder Kaffee. Letzteren gibt es in den Variationen »arabisch« (meist mit Kardamom versetzt), »türkisch«, »français« und »Nescafé«.

Shopping

Ein typisch orientalischer Markt ist der Suq in Downtown **Amman**. Zu empfehlen für Einkäufe aller Art sind Downtown, Emir Mohammed Street (3rd Circle bis zum Stadtzentrum), Abu Bakr as-Siddiq Street (auch Rainbow Street, gut für Kunsthandwerk und Souvenirs), Wasfi Tell Street (Gardens Street; vom Supermarkt Safeway in Richtung Al-Waha Circle), außerdem die Einkaufszonen von Shmeisani und Sweifiyeh. Eine Reihe von Shopping-Malls, darunter die Mecca Mall in West-Amman, bieten besonders für Modeinteressierte gute Optionen.

In **Aqabah** eröffnen immer mehr Läden, die auch internationale Modelabels führen. Der Suq von Aqabah bietet eine Reihe netter kleiner Souvenirläden und zwei sehr gut sortierte Buchläden in der Zahran St.

Vorsicht ist bei den Händlern in Wadi Musa geboten, die Antiquitäten und Silberschmuck anpreisen: Die »Antiquitäten« (die man ohnehin nicht ausführen dürfte) sind bestenfalls gute Imitate, der »lokale« Silberschmuck stammt meist aus Indien oder aus dem Jemen.

In den Straßen südwestlich der St.-Georgs-Kirche in **Madaba** wird neben Kosmetikprodukten aus dem Toten Meer eine große Bandbreite an Teppichen angeboten, denn die Gegend um Madabah ist das Zentrum der Teppichweberei. Beim Teppichkauf gehört das Handeln zum Kauf dazu. Zunächst sollte man sich einen Überblick über Qualitäten und Preise verschaffen, indem man eine Reihe von Händlern besucht und sich informiert. Auf dieser Basis kann man überlegen, wie viel man für das Stück seiner Wahl maximal ausgeben würde. So ist man in der »zweiten Runde« in der Lage, gezielt mit dem Händler zu verhandeln. Das Einstiegsgebot sollte bei etwa 80% des selbst gesetzten Maximalpreises liegen. Am Ende sollten beide Parteien den Handel mit einem guten Gefühl abschließen.

Kunsthandwerk ❯ S. 40 sollte man bevorzugt in den in diesem Buch empfohlenen Geschäften kaufen. Diese gehen meist auf staatliche oder lokale Initiativen zurück, fördern den Erhalt alter Handwerkstechniken und garantieren den Frauen vor Ort ein Einkommen. Hier erhält man qualitativ hochwertige Produkte, die jedoch ihren (Fix-)Preis haben.

Unterwegs in Jordanien

Entdecken Sie die einzelnen Reiseregionen –
jeweils mit den schönsten Touren, allem
Sehens- und Erlebenswerten, Hotel-, Restaurant-,
Nightlife- und Shoppingtipps

*Amman

Nicht verpassen!

- Den Blick vom Zitadellenhügel über die Stadt genießen
- Bummeln durch die Suqs kurz vor der Dämmerung
- Die jedermann offen stehende König-Abdullah-Moschee besuchen
- Kaffee trinken und Wasserpfeife in einem der traditionsreichen Cafés in Downtown probieren
- Durch die stimmungsvolle Altstadt von Salt spazieren

Zur Orientierung

Ahlan wa sahlan, »herzlich willkommen«, in der Hauptstadt des Haschemitischen Königreichs. Nahezu alle Jordanien-Reisenden beginnen ihre Fahrt in Amman, das wie Rom auf sieben Hügeln gegründet wurde, sich aber heute über etwa zwanzig Hügel erstreckt. Der erste Blick offenbart eine recht uniform wirkende Stadt: Die mit dem lokalen weißen Kalkstein verblendeten modernen Hausfassaden ziehen sich über die Hügel, soweit das Auge reicht. Kaum mag man glauben, dass man sich auf historischem Boden befindet.

Doch bereits vor 9000 Jahren lag hier eine der größten jungsteinzeitlichen Siedlungen des Nahen Ostens. In biblischer Zeit war Rabath Ammon die Residenzstadt der Ammoniter; den Namen Philadelphia erhielt sie in hellenistischer Zeit. Unter römischer Herrschaft blühte die Stadt auf. Der Niedergang begann mit dem Ende der ersten islamischen, der ummaijadischen Dynastie: Die Karawanenwege liefen nicht mehr über Amman, die Stadt geriet nahezu in Vergessenheit.

Erst 1878 entstand hier wieder ein Dorf, das sich zu einer wichtigen Station an der von Damaskus nach Medina führenden Hidjaz-Bahn entwickelte. 1922 erklärte

Prinz Abdullah das rasant wachsende Amman zur Hauptstadt des neuen Emirats Transjordanien.

Eine explosionsartige Entwicklung nahm die Stadt nach dem Zweiten Weltkrieg. Zunehmende Landflucht und Flüchtlingsströme aus Palästina vervielfachten die Einwohnerzahl. Heute zählt der Großraum Amman an die 3 Mio. Einwohner, Tendenz stark steigend. Die jordanische Hauptstadt bietet alle Annehmlichkeiten eines modernen Wirtschaftszentrums und ein selbst im Hochsommer angenehmes Klima.

Die Metropole ist nur im unmittelbaren Zentrum – **Downtown** – eine Stadt für Fußgänger. In den Märkten und Gassen um die Hussein-Moschee pulsiert das arabische Alltagsleben: Obst und Gemüse, Goldschmuck und Kleidung, Elektrogeräte und Wasserpfeifen werden in den Suqs verkauft. Hier befand sich auch das Zentrum der römischen Stadt mit Forum, Theater und Odeon.

Weiter im Westen und Nordwesten erstrecken sich die modernen Stadtteile **Shmeisani, Umm Uthayna** und **Sweifiyeh** mit schicken Einkaufsstraßen und Cafés, in denen sich die durchaus vergnügungssüchtige Jugend Ammans trifft.

Die Hügellage und die zahlreichen Einbahnstraßen machen das verkehrsreiche Amman zu einer unübersichtlichen Stadt. Zudem

Die monumentale Hussein-Moschee im Zentrum des Suq

sind zwar alle Straßen beschildert, aber im Volksmund heißen die meisten völlig anders. So kennt man die Abu Bakr as-Siddiq Street umgangssprachlich nur als Rainbow Street. Zur besseren Orientierung hat man entlang der Hauptstraße, die vom alten Stadtkern über den Jebel Amman westwärts führt, die Kreisverkehre (circles) bzw. Kreuzungen von eins bis acht nummeriert.

In der unmittelbaren Umgebung der Stadt finden sich einige interessante Sehenswürdigkeiten: die christlich geprägte Ortschaft **Fuheis,** die hellenistischen Ruinen des **Qasr al-Abd** (»Burg der Sklaven«) und nicht zuletzt die alte jordanische Hauptstadt **Salt.**

Tour in der Stadt

Ein halber Tag in Downtown

– ❹ – **Restaurant Jabri** › **Al-Malek Faisal (King Feisal) St.** › **Goldsuq** › **Basman St.** › **Gewürz- und Gemüsesuq** › **Al-Hussein-Moschee** › **Nymphäum** › **Forum mit Theater und Odeon** › **Hashimiyah Square** › **Jebel al-Qala (Zitadelle)**

Länge: Die eigentliche Gehstrecke beträgt nur ca. 2 km. Mit Museums- und Ausgrabungsbesuchen sollte man mindestens vier Stunden einkalkulieren.

Praktische Hinweise: Für diese Zu-Fuß-Tour fährt man mit dem Taxi vom Hotel ins Zentrum, Parkplätze sind in der Innenstadt kaum zu bekommen. Wer den steilen Anstieg zur Zitadelle zu ermüdend findet, nimmt sich am Theater ein Taxi dorthin und später zurück zum Hotel.

Die belebten Suqs der Innenstadt bieten trotz der eher modernen Architektur viel Flair. Im Anschluss an den Bummel durch die schmalen Gassen sind die gut restaurierten römischen Gebäude eine willkommene Abwechslung. Höhepunkt der Tour ist die Besichtigung der Zitadelle, die einen wunderbaren Blick hinunter ins Zentrum erlaubt.

Ausgangspunkt ist das Baklava-Geschäft und Restaurant **Jabri,** wo man sich mit einem arabischen Kaffee und einem der sündhaft süßen kleinen Kuchen für den Spaziergang rüsten kann. Bergabwärts gelangt man in die al-Malek Faisal St. (King Feisal St.). Hier liegt linker Hand der **Goldsuq.** Überqueren Sie die Straße: Neben dem Palace Hotel führt eine Querverbindung zur Basman Street. Zahlreiche Dessousgeschäfte mit gewagten Kreationen gestatten einen überraschenden Blick auf das »Darunter« arabischer Frauen.

Auf der Basman Street angelangt, wenden Sie sich nach links. Hier reihen sich Kleidungsgeschäfte mit einer schönen Aus-

Blick auf die Stadtkulisse von Amman vom Zitadellenhügel

wahl palästinensischer Mode-stickereien aneinander. Folgen Sie nun der Al-Malek Talal Street ein wenig nach Südwesten und biegen Sie in die schmalen Suqgassen zwischen dieser und der Quraysh Street ein. In diesen schmalen Durchlässen findet sich eine Reihe alteingesessener Kaffee- und Gewürzhändler. Etwas weiter nordöstlich stoßen Sie auf die Gassen mit den Obst- und Gemüsehändlern.

Falls Sie in dem Treiben die Orientierung verloren haben, fragen Sie nach der **Al-Hussein-Moschee** › S. 54, auf deren Vorplatz man stets geschäftiges Treiben und schwatzende Männer beobachten kann. An der Kreuzung der Quraysh Street mit der Ibn al-Athir Street stoßen Sie auf das **Nymphäum** › S. 55, das seit Jahren restauriert wird. Mit etwas Glück können Sie trotz der andauernden Arbeiten auf das Gelände, um einen Blick auf die

(wenigen) erhaltenen Architekturfragmente zu werfen.

Weiter geht es auf der Quraysh Street Richtung Norden, bis Sie rechter Hand den weiten Platz – das Forum des antiken Philadelphia – vor dem ***Römischen Theater** › S. 55 erreichen. Im Bühnengebäude sind das **Folkloremuseum** und das **Museum für jordanisches Brauchtum** untergebracht. An der Stirnseite des Forums liegt außerdem das **Odeon** › S. 55.

Hinter dem Odeon erreicht man den **Hashimiyah Square,** auf dem man sich bei einem Glas Tee für die Anstrengungen des Anstieges zur Zitadelle wappnen kann. Ein schmaler Pfad führt direkt gegenüber vom Theater im Zickzack und teils getreppt auf den ***Jebel al-Qala** › S. 55 hinauf. Bequemer ist natürlich ein Taxi, das Sie an der Hashimi Street anhalten können. Auf dem Zitadellenhügel lohnen besonders der

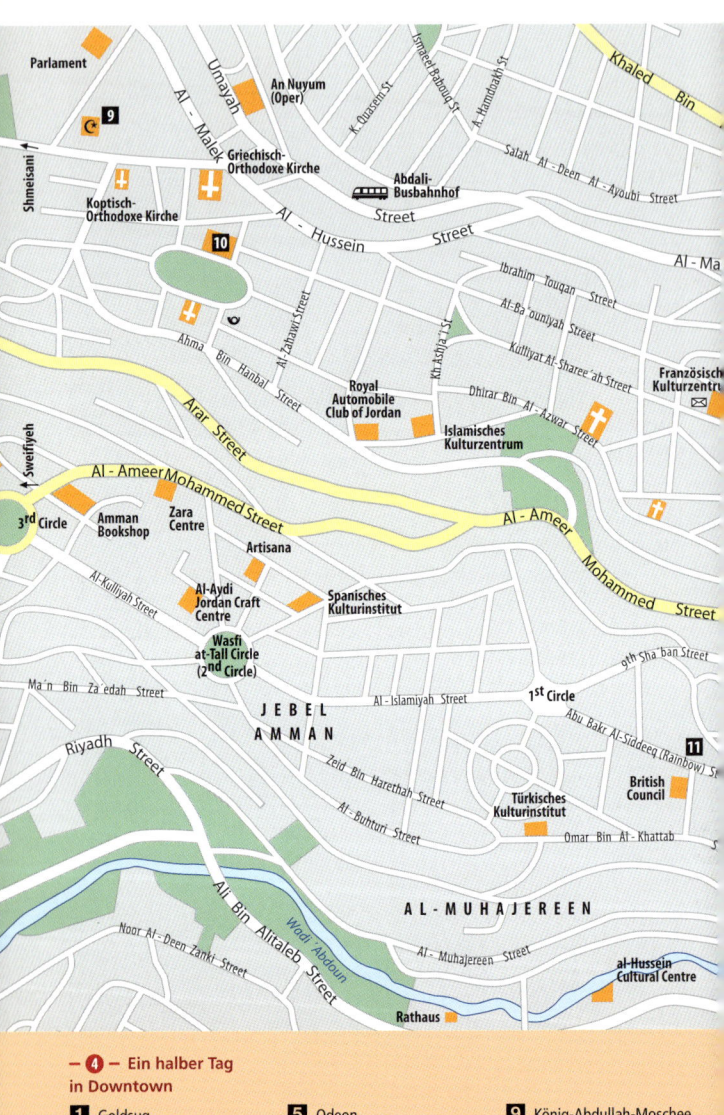

JEBEL AL-
NUZHAH

Abu al-Ala' al-Ma'arri Street

JEBEL AL-
QUSUR

...aleed Street

Al-Hussein Street

Ghaleb Al-

Layth Street

Sa'eed Khair Street

Ummaijaden-
palast **7**

Byzantinische
Kirche

4

Archäologisches
Museum
Zitadelle **6**

Al-Malek Ali Bin Al-Hussein Street

JEBEL AL-
QUALA

Salamah Bin Al-Akwa Street

Al-Hashimi Street

Darat al-
Funun

Restaurant
Jabri

Central
Post Office

King Feisal Street

1

Al-Shabargh Street

4

Hishimiyah
Square

5

Uhrturm

Folkloremuseum

4

Jordan Street

8

Basmann Street

Al-Hashimi St.

3

2

Museum
für jordanisches
Brauchtum

Jordan River
Designs

...asha
...kish
Bath

Evangelische
Kirche

4

JEBEL AL-
JAWFA

Al-Malek Talal Street

Quraysh Steet

Obst- und
Gemüse-Suq

Italian Street

Ahral Ben Daic Street

**Amman
Stadtzentrum**

N

0   300 m

Herkulestempel und der Ummaijadenpalast einen Besuch.

Von hier nehmen Sie ein Taxi zurück ins Hotel und gönnen sich dort die wohlverdiente Mittagspause.

Für die weitere Tagesgestaltung empfiehlt sich entweder ein Besuch im **Wild Jordan Centre** ❯ S. 56 oder die Besichtigung der **Nationalgalerie (National Gallery of Fine Arts)** ❯ S. 57. Lassen Sie sich zum Abschluss einen Besuch im größten Hamam der Stadt, dem **al-Pasha Turkish Bath** ❯ S. 59, nicht entgehen!

Verkehrsmittel

■ Der **Queen Alia International Airport** liegt 32 km südlich der Stadt ❯ S. 19 (Fluginformation: www.aig.aero). Von hier starten auch die meisten Inlandsflüge nach Aqabah. Ein Shuttlebus verbindet den Flughafen mit der Busstation in Abdali.

■ Im Stadtzentrum bewegt man sich am besten zu Fuß bzw. mit Taxis (gelb; mit Taxametern). Mietwagenfirmen wie Avis oder Hertz finden sich am Flughafen sowie in großen Hotels.

Wichtige Adressen

■ **Ministry of Tourism and Antiquities**, Jebel Amman, nahe 3rd Circle, Tel. 06/460 33 60, für Anfragen und Beschwerden Tel. 06/500 80 80, www.mota.gov.jo.

■ **RSCN (Royal Society for the Conservation of Nature)**, im Wild Jordan Café, nahe Othman bin Affan St., Downtown, Tel. 06/463 35 42 od. 461 65 23, www.rscn.org.jo od. www.wildjordan cafe-jo.com, tgl. 11–23 Uhr.

Unterwegs in Amman

Der Suq

In Downtown liegt Ammans zentraler Markt, der Suq. Er verströmt das Flair des Orients: Obst und Gemüse, lebendige Hühner, bunte Gewürze und sündhaft süße Klebrigkeiten werden feilgeboten, ebenso wie vielerlei Souvenirs – vom betörenden Parfum über das geschnitzte Kamel bis zu *nardjila* (Wasserpfeife) und *keffiye* (Kopftuch der Palästinenser).

Im **Goldsuq** ❶ glitzern 24-karätige Schätze für Hals, Ohren, Finger und Brust um die Wette.

Im Zentrum des Suq erhebt sich die **Al-Hussein-Moschee** ❷, eine monumentale, schmucklose Moschee aus dem Jahr 1924.

Das Café Eco-Tourism empfiehlt sich für eine Kaffeepause in stimmungsvoller Umgebung. Es liegt an der Südseite der King Feisal Street, schräg gegenüber dem Goldsuq und der Arab Bank.

Das riesige Römische Theater fasst mehr als 6000 Zuschauer

Nymphäum, *Theater und Odeon

Direkt hinter dem Suq erheben sich die monumentalen Reste des **Nymphäums 3**, des Prachtbrunnens der einstigen Römerstadt.

Weit imposanter ist das im 2. Jh. n.Chr. erbaute ***Römische Theater 4**. Es wurde 1957 freigelegt und restauriert. Das Theater fasst in 44 Reihen rund 6000 Zuschauer und fand in jüngerer Zeit – nicht zuletzt dank seiner exzellenten Akustik – immer wieder als Freilichtbühne Verwendung. Das Bühnengebäude birgt zwei kleine Sammlungen: Das **Folkloremuseum** vermittelt Einblicke in die traditionellen Lebensformen des Landes. Im **Museum für jordanisches Brauchtum** bewundert man Trachten, Schmuck und Fragmente byzantinischer Mosaike. (Beide Museen Sa–Do 8–17, Fr/Fei bis 16 Uhr.)

Rechts neben dem Theaterausgang, an der östlichen Kolonnade des Forums, stößt man auf das **Odeon 5**. Etwa zur selben Zeit wie das Theater erbaut, wird es mit seinen 600 Sitzplätzen heute hauptsächlich für Musikveranstaltungen genutzt.

*Jebel al-Qala (Zitadelle)

Der etwa 850 m hohe Zitadellenhügel erhebt sich nördlich des Stadtzentrums. Die Straße hinauf endet vor dem **Archäologischen Museum,** das zu einem lokalen Museum für die Geschichte Ammans umgebaut werden soll. Die archäologischen Funde werden dann im neuen Jordan Museum zur Landeskultur und -geschichte, im Bezirk Ras al-Ayn südlich des 2nd Circle, untergebracht (Eröffnung voraussichtlich im zweiten Halbjahr 2013, aktuelle Info unter www.jordanmuseum.jo).

Die Abu-Darwish-Moschee ließ ein tscherkessischer Einwanderer errichtet

Im Südwesten an das Museum angrenzend sind die Reste eines wohl Herkules geweihten **Tempels** 6 zu sehen. Er datiert in die zweite Hälfte des 2. Jhs. n.Chr. Die eigentliche Attraktion ist jedoch der Panoramablick über die Hauptstadt: die charakteristische, schwarz-weiß gestreifte Moschee im Süden ist die Abu-Darwish-Moschee aus den 1920er-Jahren auf dem Jebel al-Ashrafiyeh. Etwas weiter nördlich wurden die Reste einer dreischiffigen byzantinischen Basilika freigelegt.

Der Kernbau der Zitadelle (arab. *al-Qasr*) liegt im Zentrum des Hügels. Dieser sogenannte **Ummaijadenpalast** 7 wurde im frühen 8. Jh. n.Chr. erbaut und diente wohl dem örtlichen Gouverneur als Residenz.

Das Gelände ist Sa–Do 8–19, im Winter bis 17 Uhr geöffnet, letzter Einlass 1 Std. davor.

Wild Jordan Centre (RSCN) 8

Die Royal Society for the Conservation of Nature (RSCN › S. 54) ist eine einflussreiche Nichtregierungsorganisation. Ihr Ammaner Zentrum Wild Jordan ist aus mehreren Gründen einen Besuch wert: Die kühl-moderne Architektur ist das Werk von Amar Khammesh. Das Café-Restaurant bietet biodynamische Speisen und einen tollen Blick auf die Altstadt.

Im Zentrum gibt es außerdem Internetzugang, einen Ausstellungsbereich sowie den Nature Shop, eine Fundgrube für Souvenirs. Vor allem aber erfährt man im Wild Jordan alles über das ökotouristische Angebot in den von der RSCN betriebenen Naturreservaten und kann Quartiere und Exkursionen buchen.

König-Abdullah-Moschee 9

Die 1988 errichtete Moschee auf dem Jebel Weibdeh ist die größte und dank ihrer blauen Kuppel schönste Moschee der Stadt und auch für Nichtmuslime zugänglich (Suleiman an-Nabulsi Street).

National Gallery of Fine Arts 10

In dem modernen Museumsbau werden Werke zeitgenössischer jordanischer Künstler – Gemälde, Skulpturen, Keramiken u.v.m. – ansprechend präsentiert (Hosni Fareez St., Sa–Mo, Mi, Do 9–19, im Winter bis 17 Uhr).

Das moderne Amman

Von ihrer europäischen Seite zeigt sich die Metropole in den aufstrebenden westlichen Bezirken. Lohnend ist ein Bummel entlang der **Rainbow Street** 11 und durch ihre Seitengassen auf dem Jebel Amman. Sie sind gesäumt von Villen des Adels, der Botschafter und der Händlerfamilien aus den 1920er- und 1930er-Jahren.

Noch weiter im Westen sprießen Neubauten, Shopping Malls, Hotels und Restaurants aus dem Boden. Zum Synonym für die junge, lebenslustige urbane Generation sind die Bezirke **Shmeisani** und **Sweifiyeh** geworden.

Hotels

■ **Jordan InterContinental Hotel**
al-Kulliyah al-Islamiyah St.
Jebel Amman
Tel. 06/464 13 61
www.ichotelsgroup.com
Das älteste Luxushotel Ammans verfügt über einen Charme, den die inzwischen zahlreichen Konkurrenten nicht erreichen. 2004 komplett renoviert, mit eindrucksvoller Lobby, geräumigen Zimmern, Spa, Fitnesszentrum und vielem mehr. ●●●

■ **Kempinski**
Abdul Hameed Shouman St.
Shmeisani][Tel. 06/520 02 00
www.kempinski-amman.com
Trotz oder gerade wegen seines konsequent europäischen Stils eines der angesagtesten Edelhotels in der Stadt. Schöner Spa-Bereich auf zwei Etagen. ●●●

■ **Al Qasr Metropole Hotel**
3 Arroub St.][Shmeisani
Tel. 06/568 96 71
www.alqasrmetropole.com
Designhotel im hippen Stadtteil Shmeisani mit 70 großen, sehr stylish eingerichteten Zimmern. Die beiden Bars gehören zu den angesagtesten in Amman: Nai und Vinaigrette, Letztere mit grandiosem Panoramablick über die Stadt. ●●

■ **Toledo Hotel**
Ummayah bin Abd Shams St.
nahe Abdali-Busbahnhof
Tel. 06/465 77 77
www.toledohotel.jo
Solide Zimmerausstattung (inkl. WLAN und Satelliten-TV) und große Bäder machen dieses verkehrsgünstig und doch zentral gelegene Hotel zur besten Adresse unter den Mittelklassehotels der Stadt. ●●

Cafés und Kaffeehäuser in Amman

■ **Darat al-Funun Café:** Das in einem renovierten Häuserkomplex untergebrachte Zentrum für zeitgenössische Kunst bietet nicht nur eine Galerie und wechselnde Kulturevents, sondern auch ein ruhiges Gartencafé – ein friedvoller Ort für eine längere Pause. ❯ S. 41

■ **Wild Jordan Café:** Dachrestaurant im Zentrum der Königlichen Gesellschaft für Naturschutz (RSCN) mit einer großen Auswahl an vegetarischen Gerichten (arabisch und international), köstlichen Smoothies und frischen Säften. ❯ S. 54

■ **Books@Café:** Das älteste Internetcafé Ammans gehört mit seinen kuscheligen Sofas und hervorragenden Kaffeespezialitäten immer noch zu den Top-Treffs der Stadt. ❯ rechts

■ **Blue Fig Café:** In futuristischer Architektur auf weichen Sofas unter moderner Kunst und bei Videoinstallationen World Music hören – hipper geht's nicht in Amman! ❯ rechts

■ **Tche Tche Café:** Beliebt bei Jordanierinnen, um eine Wasserpfeife zu schmauchen und ein hausgemachtes Eis oder eine Pecannuss-Waffel zu genießen. (Jebel Amman, Abdoun Circle, Tel. 06/593 20 20, und sechs weitere Filialen).

■ **Al-Rashid Court Café:** In dem traditionellen Männercafé sind inzwischen auch Frauen willkommen. Die Plätze auf dem Balkon im ersten Stock sind heiß begehrt und bieten einen tollen Blick auf die trubeligen Straßen. (Downtown, al-Malek al-Faisal St., Tel. 06/465 29 94).

■ Palace Hotel

Al-Malek al-Faisal St.][**Downtown**
Tel. 06/462 43 26
www.palacehotel.com.jo
Saubere Zimmer mit heißem Wasser, Klimaanlage und Satellitenfernsehen, dazu ein kräftiges Frühstück – auch für Rucksackreisende attraktiv. ●

Restaurants

■ Fakhr el-Din

40 Taha Hussein St.][**Jebel Amman**
Tel. 06/465 23 99
www.fakhreldin.com
In einem perfekt renovierten Haus aus den 1920er-Jahren untergebrachtes libanesisches Restaurant der Spitzenklasse mit hochkarätiger Gästeliste. Außergewöhnlich gut auch die Nachspeisen! ●●●

■ Books@Café

Omar bin al-Khattab St.
Downtown][**Tel. 06/465 04 57**
Mischung aus Kaffeehaus, Bar und Restaurant mit exzellenter Pizza und variationsreichen Salaten. ●●

■ Blue Fig

Abdoun
Al-Amir Hashem bin Al-Hussein St.
Jebel Amman][**Tel. 06/592 91 91**
www.bluefig.com
Hippes Szene-Restaurant mit Live-Bands, Galerie, In- und Outdoorbereich. Neben Suppen und Salaten gibt es Figgza (die Hausvariante der Pizza) und leckere Desserts, Muffins und Cookies. ●●

■ Abu Ahmad Orient Restaurant

3rd Circle][**Jebel Amman**
Tel. 06/464 18 79
Libanesische Küche mit vielfältigen Vorspeisen und Fleischgerichten vom Grill. Beliebt v.a. auch wegen der schönen Terrasse. ●

Shopping

■ › auch S. 45

■ **Al-Aydi Jordan Craft Centre**

nahe al-Kulliyah al- Islamiyah St.

Jebel Amman

Große Auswahl an qualitätvollem Kunsthandwerk, zumeist von lokalen Organisationen zur Pflege traditionellen Handwerks produziert.

■ **Al-Burgan**

12 Tala't Harb St.][**Jebel Amman**

www.alburgan.com

Gute Adressen für Kunsthandwerk.

■ **Wild Jordan Centre** › S. 56

Schönes Kunsthandwerk.

■ **Oriental Souvenirs Store**

3rd Circle][**Jebel Amman**

■ **Artisana**

Mansour Kreishan St.

Jebel Amman

■ **Beit al-Bawadi**

Fawzi al-Qaoaji St.][**Jebel Amman**

Drei empfehlenswerte Geschäfte für jordanische Souvenirs.

■ **Mecca Mall**

Makkah al-Mukarramah St.

West-Amman][**www.meccamall.jo**

Gigantische Shoppingmall mit mehreren Hundert Geschäften für Mode, Kosmetik, Schmuck, Inneneinrichtung, Technik u.v.m.

Wellness

Al-Pasha Turkish Bath

Al-Mahmoud Taha Str

Jebel Amman][**Tel. 06/463 30 02**

www.pashaturkishbath.com

Mitzubringen ist nur nicht allzu freizügige Badebekleidung, dann können Sie nach Herzenslust schwitzen, schrubben und plantschen. Tgl. 10–24 Uhr (Frauen gehen nachmittags bis ca. 18 Uhr, Männer am Abend), Voranmeldung empfehlenswert.

In einem Café in der Mecca Mall

Ausflüge

Wadi es-Sir und Qasr al-Abd

Etwa 10 km westlich von Amman führt eine enge Straße durch das ebenso fruchtbare wie malerische **Wadi es-Sir**. Am Ende des Tals liegen die gewaltigen Steinblöcke der Qasr al-Abd (ca. 10 km bergab an der Straße Richtung Westen; gegenüber dem Abzweig zu den Ruinen nach rechts steht ein Schild zum Iraq al-Amir Handicraft Village links). Die ****Qasr al-Abd** (»Burg des Sklaven«) existierte bereits in ammonitischer Zeit. Sie hieß Birtha und wurde im 2. Jh. v.Chr. errichtet. Die Mauern des 40 m langen, 20 m breiten und 18 m hohen späthellenistischen Baus mit bemerkenswert feinen Löwenreliefs stürzten bei einem Erdbeben ein.

Nach Erkundung der Burgruine empfiehlt sich ein Besuch des **Iraq al-Amir Handicraft Village,** wo man Teppiche, Töpferarbeiten und vieles mehr erstehen kann (Sa–Do 8–15 Uhr).

Verkehr

Per Mietwagen, Taxi oder Minibus (ab Abdali-Busbahnhof in Amman) lassen sich Wadi es-Sir, Salt und Fuheis zu einem Tagesausflug kombinieren.

Fuheis

Der kleine, christlich geprägte Ort liegt 15 km nordwestlich von Amman in kühlen 1500 m Höhe. Den Ammanern ist Fuheis besonders wegen seiner beiden exzellenten Restaurants ein Begriff, die einen sehr guten, lokal produzierten Wein kredenzen. Einen Besuch lohnt die Galerie Rowaq al-Balqa, die in dieser eher dörflichen Atmosphäre zeitgenössische jordanische Kunst ausstellt (Mi–Mo 16–22 Uhr, www.rowaq.net).

Restaurants

■ Zuwwadeh

Nähe Busstation][**Tel. 06/472 15 28** www.zuwwadeh.com
In diesem renovierten Gehöft unter einem schattigen Eukalyptusbaum treffen sich Ammaner besonders gerne zu einer großen Auswahl an »mezze« oder einer der berühmten »fattahs« (Gericht aus Brotresten). ●●

■ Hakoura

Nähe Busstation][**Tel. 06/472 91 52**
Charmante Atmosphäre, die typisch arabische Küche ist ebenso exzellent wie im benachbarten Restaurant Zuwwadeh. ●●

*Salt

Das etwas verschlafen wirkende Salt liegt in einem steilwandigen engen Tal ca. 30 km nordwestlich von Amman. In osmanischer Zeit war die Stadt das Verwaltungszentrum der Region – ihre Innenstadt wirkt wie ein lebendiges Museum der osmanischen Architekturperiode.

Osmanische Architektur begegnet dem Besucher, der am Busbahnhof mit seinem Rundgang beginnt, bereits auf der ad-Dayr Street. Diese führt in einem langen Bogen direkt auf den **Suq.** An seiner Südseite lohnt das kleine, im liebevoll restaurierten Bayt Abu Jaber untergebrachte **Museum für Heimatkunde** einen kurzen Besuch. Im Häusergewirr oberhalb liegt das frühere Britische Hospital versteckt. Zurück am Suq führt die **Hammam Street** – sicherlich der architektonisch interessanteste Straßenzug in der Stadt – geradewegs auf das Kaffeehaus im Muhammad-al-Bashir-Haus zu.

Lohnend ist auch ein Spaziergang entlang dem gut beschilderten **Heritage Trail** rund um das Stadtzentrum sowie ein Besuch des **Salt Handicraft Centre.** Die Handwerkerschule befindet sich etwa 3 km nördlich außerhalb der Stadt, ihr Shop bietet qualitätvolles Kunsthandwerk an (Maddaris al-Balkhar al-Islamiy, Nageb al-Daboor District; Tel. 05/355 17 81, So–Do 8–15 Uhr).

Festivalaufführung im römischen Theater von Jerash

Der Norden Jordaniens

Nicht verpassen!

- In den Ruinen von Jerash die Fantasie spielen lassen – wie sah der Alltag in einer Römerstadt aus?
- Mit einer Taschenlampe die Fresken der Gräber von Abila erkunden
- Den Ausgräbern von Tell Zira'a über die Schulter gucken
- Von den schwarzen Ruinen Gadaras den Blick auf den See Genezareth genießen

Zur Orientierung

Das biblische Land Gilead erstreckt sich über grüne, teils dicht mit Oliven und Pinien bewaldete Hügel zwischen den Flüssen Yarmuk im Norden – er bildet gleichzeitig die Grenze nach Syrien – und Zarqa im Süden. Beide entwässern hin zum Jordan, der heutigen Grenze zu Israel, und werden von einer Vielzahl kleiner Bäche gespeist. In Naturschutzgebieten, besonders im **Ajlun Nature Reserve,** haben sich Naturwälder erhalten, die man auf Wanderungen erkunden kann.

Seit Anbeginn der Geschichtsschreibung ist diese Gegend wohl der am dichtesten besiedelte Landstrich Jordaniens. In römischer Zeit blühten hier die Städte der Dekapolis, miteinander verbunden durch ein dichtes Netz von Fernstraßen. Bereits in hellenistischer Zeit gegründet, wurde der Städtebund von den römischen Kaisern großzügig geför-

dert: Die Städte erhielten repräsentative öffentliche Bauten und Tempel. Der Wohlstand der Dekapolis ist bei einem Rundgang durch die Ruinen von **Gerasa, Gadara** und **Pella** noch heute deutlich zu spüren.

Spätestens mit dem Beginn der islamischen Zeitrechnung begann der Niedergang. Denn politisches Zentrum war nun das ferne Bagdad, die Handelsströme verlagerten sich und die einst mächtigen Städte verfielen. Als die Osmanen die Gegend im frühen 16. Jh. einnahmen, war der Landstrich weitgehend entvölkert. Die bald eingerichtete Pilgerstraße von Damaskus über Amman nach Medina und Mekka führte im Osten an dem hügeligen Land vorbei – an ihrer Route entstanden der heutige Industriestandort Zarqa und das ziemlich gesichtslose Mafraq.

Mit der Gründung des modernen Jordanien entwickelte sich **Irbid** zum Zentrum des Nordens. Die inzwischen zweitgrößte Stadt des Landes ist Heimat einer weit über die Grenzen Jordaniens hinaus berühmten Universität, der Yarmuk. Entsprechend lebenslustig und progressiv geht es im Universitätsviertel mit seinen schattigen Alleen und zahlreichen Cafés zu. Dank seiner zentralen Lage bietet sich Irbid als Standort für die Erkundung des jordanischen Nordens an.

Die Yarmuk-Universität in Irbid

Gadara war einst Mitglied im römischen Zehnstädtebund Dekapolis

Touren in der Region

Die Städte der Dekapolis

5 Irbid › Tell Zira'a › Al-Baqura › Al-Hamma › ****U**mm Qays (Gadara) › Abila › Irbid › *****Jerash (Gerasa)** › Qala'at ar-Rabad › Ajlun › Tab'qat Fahl (Pella) › Irbid

Länge: 2 Tage ab/bis Irbid: Tag 1: ca. 120 km, Tag 2: ca. 155 km
Praktische Hinweise: Für diese beiden Tagestouren ist ein Auto unabdingbar, da einige der Ausgrabungen weitab von größeren Siedlungen liegen. Planen Sie Ihren ersten Tag so, dass Sie mittags im Umm Qays Resthouse speisen können (an

Wochenenden Reservierung empfehlenswert). Ein Besuch des Tell Zira'a lohnt sich besonders im Frühjahr und im August, wenn dort ausgegraben wird. Vergessen Sie auf keinen Fall eine Taschenlampe, um die Grabhöhlen bei Abila zu erkunden!

Die Erkundung des äußersten Nordwestens beginnt mit einer Fahrt von **Irbid** › S. 66 zum Hügel **Tell Zira'a** › S. 74. Von der Fernverkehrsstraße von Irbid hinunter ins Jordantal kommend nehmen Sie nach der Abzweigung Kafr Asad die nächste Ausfahrt. Nach etwa 1 km biegen Sie links ab und fahren in nordwestliche Richtung weiter bis zur Ausgrabung, wo Sie den Archäologen über die Schulter schauen und die Ruinen erkunden können.

Weiter geht es hinunter ins Jordantal, dem Sie nach Norden folgen. Fragen Sie am ersten Checkpoint nach, ob Sie **Al-Baqura** besuchen dürfen. Die diensthabenden Officer führen Sie in der Regel gerne zu diesem auch »Island of Peace« genannten Platz, von dem Sie einen Blick auf den Zusammenfluss von Jordan und Yarmuk werfen können.

Zurück auf der Hauptstraße folgen Sie nun dem Yarmuk auf landschaftlich reizvoller Strecke. Bananenplantagen und Palmen zeugen vom subtropischen Klima am Fluss. Besuchen Sie die wenigen Überreste der römischen Bäder von **Al-Hamma** ❯ S. 73, bevor Sie die kurvige Straße hoch nach Umm Qays nehmen und das antike ****Gadara** ❯ S. 72 erreichen. Nach dem Rundgang durch die eindrucksvollen Ruinen können Sie von der Terrasse des Resthouse bei einem hervorragenden Essen den Blick über die Golanhöhen und den See Genezareth schweifen lassen.

Der späte Nachmittag bleibt für die Erkundung von **Abila** ❯ S. 71, das nahe dem Örtchen Quwayliba liegt. Besonders lohnend ist die Erkundung der Grabhöhlen in den umliegenden Abhängen: Einige Grabwände sind von Fresken mit Darstellungen der Verstorbenen bedeckt.

Von Abila fahren Sie dann etwa 15 Minuten zurück nach Irbid.

Den Vormittag des zweiten Tages sollten Sie komplett für die Erkundung von *****Gerasa** (Jerash) ❯ S. 66 einplanen. Die antike Stadt, die einst zum Zehnstädtebund Dekapolis gehörte, ist von Irbid über die Autobahn in etwa einer halben Stunde erreicht. Vom Besucherparkplatz nahe dem Ticket Office schlendern Sie durch das Hadrianstor in die antike Stadt hinein und spazieren in Ruhe an ihren faszinierenden Relikten vorbei.

Am Kreisverkehr nahe dem Parkplatz ist die Straße nach Ajlun ausgeschildert. Falls Sie ein exquisites libanesisches Mittagessen genießen wollen, nehmen Sie hinter dem Kreisel gleich den ersten Abzweig nach links und tafeln im **Lebanese House** (auf der linken Straßenseite) ❯ S. 70.

Zurück auf der Hauptstraße folgen Sie der kurvigen, durch Pinienwälder und an Olivenhainen vorbeiführenden Landstraße bis Anjara und biegen dort rechts nach **Ajlun** ab. Von Ajlun aus sind es dann nochmals etwa 3 km bis zur Araberfeste ***Qala'at ar-Rabad** ❯ S. 70.

Im Anschluss an die Erkundung der verschachtelten Burg gibt es drei Möglichkeien: Sie fahren direkt nach Irbid zurück (ca. 30 km bzw. 45 Min auf der, Landstraße Nr. 55). Oder Sie machen eine Wanderung im ***Ajlun Nature Reserve** ❯ S. 71. Oder Sie fahren über Kurayima hinunter ins Jordantal und erkunden die einstige Dekapolis-Stadt ***Pella** ❯ S. 75 (bei Tab' qat Fahl, zugänglich bis 18 Uhr).

Von dort dauert die Rückfahrt nach **Irbid** dann kaum länger als eine Dreiviertelstunde.

Ajlun Nature Reserve: Village Orchards Trail

6 **Ajlun Nature Reserve Visitor Centre › Eagle Viewpoint › Rasun › Soap House › Wadi Arjan › Ajlun Nature Reserve Visitor Centre**

Länge: 12 km; 6 Stunden
Praktische Hinweise: Leichte Wanderung mit Guide (nur April–Okt.; z.B. ca. 150 JD für eine fünfköpfige Gruppe, inkl. von lokalen Familien zubereitetem Mittagessen und Rücktransfer im Minibus) unbedingt in Amman vorbuchen › S. 54. Außerhalb der Saison kann man den kürzeren »Soap Makers Trail«, der den ersten Teil der Strecke bis zur Seifenfabrik umfasst, auch ohne Guide gehen (7 km, 4 Stunden).

Als Übernachtungsort im Nature Reserve empfiehlt sich die Ajlun Forest Lodge › S. 71.

Der Trail beginnt mit einem recht leichten Anstieg durch die Wälder zum **Eagle Viewpoint** (ca. 930 m ü. NN) mit toller Aussicht und führt anschließend beständig bergab bis ins Dorf **Rasun.** Nahe dem Dorf hat die RSCN eine kleine **Seifenfabrik** gegründet, in der die Dorffrauen Seife aus Olivenöl und Kräuterauszügen herstellen und verkaufen. Nach einem von den Anwohnerinnen gekochten Mittagessen führt der Weg hinab ins **Wadi Arjan,** ein lieblich anmutendes Tal mit Feigen-, Kirsch- und Granatapfelbäumen, bis nach **Arjan** (insg. 5 km leichte Strecke), wo ein Minibus die Wanderer zurück zum **Visitor Centre** bringt.

Unterwegs im Norden Jordaniens

Irbid 1

Irbid, das charmante Zentrum der Nordwestprovinz, hat historisch wenig zu bieten, war es doch noch vor hundert Jahren ein Dörfchen. Mittlerweile ist es mit rund 600 000 Einwohnern Jordaniens zweitgrößte Stadt, wichtiges Handels- und Agrarzentrum und Sitz der im Nahen Osten hoch angesehenen Yarmuk-Universität.

Sehenswert sind das **Museum of Archaeology and Anthropology** auf dem Universitätsgelände mit archäologischen Exponaten aus der Region (Sa–Mi 10 bis 17 Uhr, Eintritt frei) sowie das **Bayt Arar,** ein klassisches Damaszenerhaus mit einer Dauerausstellung zum jordanischen Dichter Arar (1897–1949) nahe der al-Hashemi Street (Sa–Do 8–15 Uhr, Eintritt frei).

Hotel

Al-Joude
University Street
Ende Manama Street
Tel. 07/275 515
www.joudehotel.com
Ruhig, sauber, geräumig, sehr nettes Personal, in jedem Zimmer Sat-TV. Im Erdgeschoss das empfehlenswerte News Café. ●●

Restaurants

Zahlreiche einfache Restaurants (●) an der University St. bieten eine große Auswahl – von Take-away-Pizza bis zum indischen Chicken Tikka. Im News Café im Hotel Al-Joude (› oben) lässt es sich angenehm speisen, im Angebot sind Pizza, Salate und Sandwichs. ●

2 ✶✶✶ Jerash (Gerasa) 2

Das »Pompeji des Ostens«, wie die antike Provinzstadt Jerash (sprich: Djarasch) oft genannt wird, liegt eingebettet in die grünen Hügel von Gilead. Dank der grandiosen Kolonnadenstraße, zwei Tempeln, drei Theatern und etlichen Kirchen zählt Gerasa zu den Top-Sehenswürdigkeiten der Region.

Die Stelle am Westufer des Chrysorhoas, eines kleinen Nebenflusses des Zarqa, war – jungsteinzeitliche Werkzeuge und Tonscherben belegen dies – bereits um 6000 v.Chr. bewohnt. Bis heute ist nicht ganz geklärt, ob die Stadtgründer die Seleukiden (im 4. Jh. v.Chr.), die Ptolemäer oder gar Nachfahren der Legion Alexanders des Großen (beide 2. Jh.) waren. Fest steht, dass erst die Römer auf die vorklassische Tradition zurückgriffen und die Stadt Gerasa tauften. Fest steht auch, dass der Aufstieg des Ortes mit der Eroberung Palästinas durch Pompeius 63 v.Chr. begann. Gerasa wurde Mitglied der Dekapolis und in der Folge als Handelsplatz, aber auch dank der

Folkloretanzgruppe beim Jordan Festival in Jerash

florierenden Landwirtschaft und der Erzvorkommen in seiner Umgebung reicher und reicher. Fast alle Gebäude wurden geschleift und gemäß römischem Stadtplan neu errichtet.

Seinen wirtschaftlichen und städtebaulichen Höhepunkt erreichte Gerasa im 2. Jh. Nachdem Kaiser Trajan das Erbe der Nabatäer angetreten und das Jordanland zur Provincia Arabia gemacht hatte, brach ein goldenes Zeitalter an, die Stadt wurde prächtig renoviert und weiter ausgebaut.

Mit dem Niedergang des Römischen Reichs und der Verlagerung des Ferntransports von den Karawanen- auf die Meeresrouten setzte für Gerasa der Abstieg ein. Ein letztes Mal erlebte es unter Kaiser Justinian (527–565) eine Blüte; sichtbarster Ausdruck war der Bau von rund einem Dutzend Kirchen. 614 eroberten die Sassa-

niden und 636 die Araberheere die Stadt. Das Ende besiegelte 746 ein Erdbeben. Mit Ausnahme einer kurzen Besatzungszeit durch

Jordan Festival

Wer im Laufe des Juli in Jerash ist, sollte unbedingt eine der Veranstaltungen des Jordan Festival › S. 42 besuchen. Es ist ein unvergessliches Erlebnis, in einer lauen Sommernacht im römischen Amphitheater von Jerash einem Konzert zu lauschen oder eine Theater- oder Folkloreaufführung zu sehen. Das rund 10-tägige Programm umfasst Beiträge vieler Nationen, Kulturen und Kunstgenres – Ballett, Oper, Konzerte klassischer Orchester und arabischer Sänger, aber auch Zirkus, Kabarett und Folkloretanz. In den festlich illuminierten Säulenstraßen wird die reiche Kunsthandwerkstradition des Landes präsentiert.

die Kreuzfahrer unter Balduin II. (1120) blieb Gerasa entvölkert.

Erst 1806 entdeckte der Orientforscher Ulrich Jasper Seetzen die vergessene Ruhmesstätte wieder. Mit systematischen Ausgrabungen begannen vorwiegend britische Archäologen in den späten 1920er-Jahren.

Triumphbogen und Hippodrom

Die Besichtigung beginnt üblicherweise bei dem monumentalen **Triumphbogen** Ⓐ (Hadrianstor), der 129 zu Ehren Kaiser Hadrians erbaut wurde. Direkt dahinter erstreckt sich auf der linken Seite das **Hippodrom.** Von März bis Oktober werden dort Wagenrennen und Gladiatorenkämpfe nach altrömischem Vorbild veranstaltet (Jerash Chariots 〉 S. 24).

**Forum

Am **Südtor** Ⓑ hat man den offiziellen Eingang in die ummauerte Stadt erreicht. Der Weg führt nun direkt auf das **Forum** Ⓒ zu. Seine für klassische Stadtanlagen ungewöhnliche ovale Form ist durch ein städtebauliches Problem bedingt: die Ost-West- und die Nord-Süd-Achse mussten harmonisch verbunden werden. Die eindrucksvolle Platzanlage ist mit teilweise rekonstruierten ionischen Säulen eingefasst, was auf eine Entstehung im frühen 1. Jh. schließen lässt.

Cardo Maximus Ⓓ

Vom Forum aus zieht sich bis zum Nordtor der ebenfalls säulengesäumte Cardo Maximus. Die Kolonnaden waren einst zugleich Aquädukte, über die Frischwasser in die Häuser geleitet wurde. Kurz hinter dem ehemaligen Spezialitätenmarkt für Fleisch und Fisch, dem **Macellum** Ⓔ und dem **Museum** Ⓕ stößt man an der ersten Kreuzung auf die Reste eines **Tetrapylons** Ⓖ, einen ursprünglich vierseitigen Torbau.

Die Querstraße, der Decumanus, ist ebenfalls mit Kolonnaden geschmückt. Folgt man dem Cardo, passiert man links erst die sogenannte **Kathedrale** Ⓗ aus dem 4. Jh., dann das **Nymphäum** Ⓘ, den einstigen zweistöckigen Prachtbrunnen der Stadt (191 n. Chr.). Kurz danach, an der **Viaduktkirche** Ⓙ, steigt eine Treppe zu den Resten einer geweihten Straße empor. Sie führte einst über eine Brücke in den jenseits des Flusses Chrysorhoas gelegenen östlichen Stadtbezirk, über dem sich heute das moderne Jerash erhebt.

Die Kolonnaden des Cardo Maximus

Weiter nordwärts erreicht man das nördliche Gegenstück zum Süd-Tetrapylon, den **Nord-Tetrapylon**  und die **Westbäder** .

Westlich des Cardo

Nach der Besichtigung des Nordtores und der jenseits der Stadtmauer gelegenen Zisternen, die Gerasa einst mit Wasser versorgten, wandert man den Cardo zurück, zweigt kurz nach dem Nord-Tetrapylon nach rechts ab und erreicht, am **Nordtheater** vorbei, das größte Heiligtum der Stadt, den ****Artemistempel** . Ursprünglich war der Tempel an drei Seiten von korinthischen Säulen eingefasst. Eine Reihe an der Vorderfront hat Erdbeben und Katastrophen getrotzt.

Westlich davon liegt der den Heiligen Cosmas und Damian, Georg sowie Johannes dem Täufer geweihte **Drei-Kirchen-Komplex** (529–533 n.Chr.), umge-

A Triumphbogen	**H** Kathedrale	**O** Drei-Kirchen-Komplex
B Südtor	**I** Nymphäum	**P** Synagogenkirche
C Forum	**J** Viaduktkirche	**Q** Genesiuskirche
D Cardo Maximus	**K** Nord-Tetrapylon	**R** Peter-und-Paul-Kirche
E Macellum	**L** Westbäder	**S** Theodoruskirche
F Museum	**M** Nordtheater	**T** Zeustempel
G Tetrapylon	**N** Artemistempel	**U** Südtheater

Jerash
0   100 m

ben von der deutlich älteren, 530 in ein jüdisches Gebetshaus umgewandelten **Synagogenkirche** **P** sowie der **Genesius-** **Q**, der **Peter-und-Paul-** **R** und schließlich der **Theodoruskirche** **S**.

Zeustempel und Südtheater

Bevor man wieder zum Südtor gelangt, sollte man vom Forum noch nach rechts zum **Zeustempel** **T** hochsteigen. Unmittelbar daneben verdient das vier- bis fünftausend Zuschauer fassende **Südtheater** **U** nähere Beachtung.

Hotel

Olive Branch Resort
Guzn Al-Zaytoon Road
Tel. 02/634 05 55
www.olivebranch.com.jo
Das inmitten von Olivenhainen gelegenes Resort mit Schwimmbad und großzügig geschnittenen Zimmern könnte eine Renovierung vertragen. Es ist jedoch in Jerash konkurrenzlos. ●

Restaurants

■ **Lebanese House**
genaue Lage ❯ S. 64
Tel. 02/635 13 01
www.lebanese-house.com
Gilt als eines der besten libanesischen Restaurants in ganz Jordanien; die vielfältigen *mezze* sind besonders empfehlenswert. Reservierung ist v.a. an Wochenenden erforderlich. ●●●

■ **al-Khayyam Restaurant**
nahe dem alten Visitor Centre an der Hauptstraße
Geboten wird Standardküche mit Kebabs und gegrilltem Huhn zu günstigen Preisen. ●

Ajlun ❸

In der lebendigen Marktstadt zeugt v.a. die über 600 Jahre alte Moschee von der Bedeutung des Ortes in islamischer Zeit.

Die moderne Stadt liegt im Schatten der Burgruine des *Qala'at ar-Rabad. Sie wurde um 1185 von Izz ad-Din Usama, einem Verwandten Saladins, angelegt und unter den Mamelucken erweitert. Die Burg auf dem Jebel Auf überblickt drei als Verkehrswege wichtige Wadis, die in den Jordan entwässern, sowie weite Strecken des Jordantales selbst. Sie wurde zum Schutz der nahe gelegenen Eisenerzverhüttung angelegt, diente aber auch dazu, dem Vormarsch der Kreuzfahrer Einhalt zu gebieten. (April–Okt. tgl. 8–18, sonst bis 16 Uhr.)

Ein wunderbares Naturerlebnis verspricht der Aufenthalt im *Ajlun Nature Reserve. Auf erfrischend kühlen 1200 Metern Seehöhe gelegen, laden markierte Wege zu botanischen Wanderungen ein, auf Wunsch mit Führer. Obwohl das Reservat nur etwa 13 km² umfasst, ist in seinen Wäldern – meist immergrüne Eichen, daneben aber auch Pistazien-, Erdbeer-, Oliven- und Johannisbrotbäume – eine ganze Reihe größerer Säugetiere zu Hause. Hierzu zählen Wildschwein, Fuchs, Dachs, gestreifte Hyäne, Schakal und Wildkatze sowie das erfolgreich wieder ausgewilderte Rehwild.

Wer nicht nur ein paar Stunden, sondern gleich mehrere Tage

Die Ruine des Qala'at ar-Rabad in Ajlun

in dieser Landschaft wandern möchte, dem sei der noch im Aufbau befindliche **Fernwanderweg Abraham Path** ans Herz gelegt, der in Nord-Süd-Richtung durch Jordanien von Ajlun über Petra bis Aqabah führt (www.abraham path.org/jordan.php).

Hotel

Ajlun Forest Lodge
Tel. 02/647 56 72-73
www.rscn.org.jo
Skandinavisch anmutende Holzhäuser mit Veranden und angeschlossenen Bädern sowie sog. Cabins. Zelte aus wetterfester Jute mit festem Boden und richtigen Betten. April–Okt. geöffnet. Reservierung über die RSCN in Amman ❯ S. 54. ●●●

Quaylbah (Abila) 4

Nahe dem Örtchen Quaylbah, wo schon in der frühen Bronzezeit (4. Jts. v.Chr.) Menschen siedel-ten, fördern Archäologen seit den 1980er-Jahren die Grundmauern der antiken Stadt Abila zutage.

Hauptfund der Ausgrabungen auf dem nördlichen der beiden Stadthügel, dem Tell Abila, ist das Fundament einer dreischiffigen byzantinischen Basilika.

Auf dem südlichen Hügel, dem Tell Umm al-Amad, steht eine weitere Basilika. Die Ausgrabungen brachten mosaikbelegte Böden und Wände hervor.

Zwischen den beiden Basiliken sind unten im Tal, dem Wadi Quaylbah, Überreste eines teilweise verschütteten römischen Theaters und von Wohnbauten erhalten.

Folgt man dem Wadi Quaylbah nach Süden, liegt an der nach Osten weisenden Talflanke die römische Nekropole. In den Gräbern, die durch Gitter geschützt sind – der Wächter schließt Ihnen gerne auf –, kann man teils sehr gut erhaltene Fresken an den Wänden entdecken.

Schwarze Basaltsäulen in Gadara

Umm Qays (Gadara)

Auf einem strategisch wichtigen Sattel liegt das Dorf Umm Qays mit den eindrucksvollen Ruinen der hellenistisch-römischen Stadt Gadara (tgl. 7 Uhr bis Sonnenuntergang). An klaren Tagen genießt man von hier oben einen grandiosen Blick über das nördliche Jordantal, die Felsschlucht des Yarmuk und den See Genezareth bis zu den Golanhöhen und zum Berg Hermon.

Seine historische Bedeutung verdankt der Ort seiner Lage an der Kreuzung wichtiger Handelswege, seinen Namen dem Römer Gnaeus Pompeius. Er hatte die Stadt 63 v.Chr. erobert und neu ausgebaut. In hellenistischer Zeit bereits ein Zentrum griechischer Kultur, brachte Gadara u.a. Satiriker vom Range eines Menippos oder Meleager hervor. Von Jesus berichten die Evangelisten, er sei nach seiner stürmischen Fahrt über den See Genezareth in dieses Gebiet gekommen und habe zwei Besessene geheilt.

Als Mitglied der römischen Dekapolis verfügte Gadara über großstädtische Infrastruktur. Folgt man der Hauptstraße, dem säulengesäumten **Decumanus Maximus,** stößt man auf imposante Überreste: im Westen ein **Hippodrom,** ein **Theater,** ein **Mausoleum** und ein **Wasserbecken,** im Osten ein zweites **Theater** aus schwarzem Basalt für 2000 bis 3000 Zuschauer, daneben ein Innenhof mit schön dekorierten Sarkophagen und unweit davon die durch mehrere Säulen markierte **Terrasse,** auf der sich einst eine byzantinische Kirche auf achteckigem Grundriss erhob.

Unmittelbar hinter dem Kirchenplatz zweigt eine **antike Ge-**

schäftsstraße mit knapp zwei Dutzend überwölbten Ladenräumen ab. Gegenüber führt ein Feldweg zu einem stark zerstörten **Mausoleum** und zu den Becken eines spätantiken **Bades.** Die Hügel zu beiden Seiten trugen Nekropolen. Interessant ist der nach wie vor begehbare, über 500 m lange **Tunnel,** einst Teil eines raffinierten Leitungssystems.

Zunächst verwirrend wirken die vielen Häuser aus spätosmanischer Zeit, die direkt über dem Zentrum des antiken Gadara errichtet wurden. Einige wurden restauriert, darunter das Bayt Rusan, in dem heute das **Visitor Centre** und ein kleines **Museum** (tgl. 8–18 Uhr, Nov.–März 8 bis 16 Uhr; Eintritt frei) untergebracht sind, und das **Bayt Malkawi,** in dem sich die deutschen Ausgräber des Tell Zira'a ihr Grabungshaus eingerichtet haben.

Restaurant

Umm Qais Resthouse
Tel. 02/750 05 55
www.romero-jordan.com
Das Resthouse, in einem der restaurierten osmanischen Häuser untergebracht, bietet arabische Köstlichkeiten und einen grandiosen Blick zum See Genezareth und den Golanhöhen. In der Hochsaison reservieren! ●●

Mukhaybah (Al-Hamma) 6

Zur Grundausstattung jeder größeren römischen Stadt gehörten ausgedehnte Badkomplexe. Jene von Gadara lagen im Wadi Yarmuk und waren weltberühmt. Leider ist hiervon kaum etwas zu erahnen, wenn man ins Yarmuktal hinunterfährt. Eingeschlossen von den steil abfallenden Ufern liegt das moderne Dorf Mukhaybah etwa 200 Meter unter dem Meeresspiegel. Am Ufer wachsen Bananen und Palmen, die vom subtropischen Klima zeugen. Der bedeutendere Teil der römischen Ruinen liegt auf israelisch besetztem Territorium. Die wenigen Reste der diesseitigen Ruinen erreicht man, wenn man an der wenig einladenden modernen Badeanlage vorbeifährt, bis links ein dunkles Gebäude mit drei Kuppeln ins Bild rückt.

Das *Jordantal – Al-Ghor

Die Flusssenke des Jordan wird in der Bibel die »Steppe von Moab« und bei den Arabern *Ghor*, »Senke«, genannt. Sie ist ein Teil des geologischen Grabenbruchs, der von der Beqa'a-Ebene im Libanon über den See Genezareth, das Tote und Rote Meer bis auf den afrikanischen Kontinent reicht und sich dort als Great Rift Valley fortsetzt.

Der Jordan bildet seit der Antike die östliche Grenze der mediterranen Welt und seit 1967 die Demarkationslinie zwischen Jordanien und der von Israel besetzten Westbank.

Das am Unterlauf des Flusses rund 11 km, am Oberlauf knapp

Das fruchtbare Jordantal bildet die Grenze zwischen Jordanien und Israel

Das Wasser des Jordan

Die massiven Wasserprobleme, die der Nahe Osten in nicht allzu ferner Zukunft zu bewältigen haben wird, sind nicht nur in der Oase von Azraq
❯ S. 84, sondern auch im Jordantal bereits deutlich zu spüren.

Gegen den verheerenden Raubbau an der Natur kämpft die paritätisch von Israelis, Palästinensern und Jordaniern geführte Nichtregierungsorganisation FoEME (Friends of the Earth Middle East; www.foeme.org) seit Jahren an. In mühseliger Überzeugungsarbeit werden landwirtschaftliche Kommunen aus den drei Ländern mit den Prinzipien eines sparsamen Wasserhaushaltes vertraut gemacht, denn es ist vor allem die intensive Landwirtschaft, mit der sich die hier lebenden Menschen buchstäblich selbst das Wasser abgraben.

halb so breite Ostufer wird dank des subtropischen Klimas und seiner fruchtbaren Erde landwirtschaftlich intensiv genutzt: zum Anbau von Tomaten, Gurken, Bananen, Melonen und Zitrusfrüchten. Drei Ernten pro Jahr können eingebracht werden. Das dafür dringend benötigte Wasser bringt der sog. East-Ghor-Kanal vom Yarmuk. Mehr als 200 archäologische Stätten vor allem aus dem Neolithikum und der Bronzezeit zeugen von der frühen Bedeutung dieses seit jeher dicht besiedelten Landstrichs.

Tell Zira'a 7

Strategisch günstig erhebt sich der Tell Zira'a oberhalb des Wadi al-Arab, durch das seit Urgedenken ein wichtiger Handelsweg von Ägypten nach Mesopotamien führte. Eine artesische Quelle bot gute Voraussetzungen für eine

Besiedlung. Archäologen fanden denn auch Siedlungsspuren vom Paläolithikum bis in die islamische Zeit.

Bereits in der Spätbronzezeit (1550–1200 v.Chr.) befand sich auf dem Tell eine stark befestigte Stadtanlage. In den darauf folgenden Jahrhunderten änderte sich das Siedlungsbild mehrfach. Mit der Gründung des nur ca. 10 km Luftlinie entfernten Gadara in hellenistischer Zeit wurde der Tell komplett neu vermessen; es entstand eine nach hellenistischem Muster geplante Stadt, die in römischer Zeit weiter bestand. Mit einem Erdbeben im 8. Jh. endete die große Zeit der Stadt.

Der Tell Zira'a wird seit 2003 systematisch erforscht; Grabungen finden im Frühjahr und im August statt. Es ist interessant, den Archäologen bei der Arbeit zuzusehen und die bereits ausgegrabenen Ruinen zu besichtigen.

Buch-Tipp Dieter Vieweger und Claudia Vogt: **Das Geheimnis des Tells. Eine archäologische Reise in den Orient** (Arachne, 2011). Für Kinder geschriebenes Buch, das sowohl die Technik einer Ausgrabung erklärt als auch eine Einführung in das Leben während der israelischen Königszeit sowie interessante Rekonstruktionszeichnungen bietet.

Info

Informationen zum Tell Zira'a und zu den Ausgrabungsarbeiten gibt es auf der Internetseite des **Biblisch-Archäologischen Instituts Wuppertal (BAI)**: **www.bai-wuppertal.de**

Grabungsgebiet Tell Zira'a

*Tab'qat Fahl (Pella) 8

Schon im Neolithikum hatten die Menschen die Vorzüge jenes geschützten Flecken Erdes am Wadi Djirm erkannt, der seit der Antike als Pella Berühmtheit genießt: Im Winter ist es hier nicht so unwirtlich kalt wie auf dem nahen Hochplateau, im heißen Sommer wiederum weht stets eine kühle Brise vom transjordanischen Hügelland herab. Vor allem aber spendet eine Quelle das ganze Jahr über, auch in der ärgsten Trockenzeit, frisches Wasser. Siedlungsspuren belegen die Nutzung der Quellen bereits seit dem 4. Jtsd. v.Chr.

Bereits in der Bronzezeit fand der Ort, damals noch unter dem älteren semitischen Namen Pihilum oder Pehel, in ägyptischen Texten Erwähnung. Grabfunde

Blick auf die Ruinen der einstigen Dekapolis-Stadt Pella

belegen, dass hier damals Kanaaniter lebten. In hellenistischer Zeit kam die Siedlung, nachdem makedonische Eroberer sie in Gedenken an die Geburtsstadt Alexanders des Großen in Pella umgetauft hatten, unter die Kontrolle der Ptolemäer, später der Seleukiden und Makkabäer. Von Letzteren wurde sie 83 v.Chr. schließlich verwüstet. Wenig später leitete der Römer Pompeius den Wiederaufbau ein und machte Pella zu einer Stadt der Dekapolis, zu der unter anderem auch Gerasa, Gadara und Philadelphia (Amman) gehörten.

Ihre Blüte erlebte die Stadt zur Zeit der Byzantiner. Im Januar des Jahres 635 kam es jedoch vor ihren Mauern zu einer folgenschweren Schlacht: Die von der Arabischen Halbinsel nordwärts stürmenden muslimischen Krieger besiegten eine mächtige byzantinische Armee. 80 000 Griechen fanden in dem Gemetzel angeblich den Tod.

Zur Zeit der Ummaijaden wurde Fahl – so Pellas arabischer Name – durch ein schweres Erdbeben (747) erschüttert. Unter dem Ayyubiden Saladin und später unter den Mamelucken erholte es sich. Doch nach der osmanischen Invasion 1516 raubten die Steuereintreiber aus Istanbul der Stadt und dem Tal endgültig die ökonomische Grundlage. Pella geriet ins Abseits und blieb für 500 Jahre verlassen.

Im 19. und 20. Jh. diente die Ruinenstätte als Steinbruch. Im nahen Dorf Tab'qat Fahl findet man in vielen Häusern verbaute antike Kapitelle und Säulen.

Einen ersten Überblick über das Gelände verschafft man sich am besten vom Resthouse aus: Gen Westen liegen auf einem flachen Hügelrücken, dem Khirbat Fahl, die spärlichen Ruinen einer mameluckischen **Moschee** und eines **kanaanitischen Tempels.** An der äußersten westlichen Spitze jenes Hügels stehen noch drei Säulen der einstmals monumentalen **Westbasilika,** während sich vor der mamlukischen Moschee die Fundamente des einstigen römischen **Stadttores** und ummaijadische Siedlungsspuren finden.

Zu Füßen des Resthouse, im Tal des Wadi Djirm al-Mawz, lag das eigentliche Stadtzentrum von Pella. Hier erblickt man Reste mehrerer **Tempel,** einer **Säulenstraße,** eines **Odeons** und einer dreischiffigen **Basilika** aus römischer und byzantinischer Zeit. Gen Süden liegt der Jebel al-Husn. Auf seinem Gipfel erheben sich das **byzantinische Fort** und ein **römischer Tempel,** an seinen Abhängen begruben die Bewohner Pellas ihre Toten. Vom Resthouse gen Süden erstrecken sich das **Nymphäum** und die sog. **Ostbasilika.** Das Gelände ist tgl. 8–18 Uhr geöffnet, der Eintritt frei (falls der Haupteingang geschlossen ist, kommt man vom Resthouse aus in das Areal).

Keinesfalls versäumen sollte man einen Besuch des **Palaeontology & Geology Museum of Jordan,** das einen guten Überblick über die Naturgeschichte Jordaniens vermittelt. Es befindet sich direkt hinter dem Resthouse in einem bemerkenswerten Gebäude des jordanischen Spitzenarchitekten Ammar Khammesh (Tel. 06/569 51 34, www.pellamuseum. org, Zutritt nur nach Voranm., oder via Resthouse ❯ rechts).

oder via Resthouse ❯ rechts).

Hotel

Pella Countryside Hotel

Tel. 079/876 90 34

www.pellacountrysidehotel.com

Das einfache Hotel mit nur sieben geräumigen Zimmern bietet viel Lokalkolorit und einen wundervollen Blick auf die Ruinen. Der Besitzer organisiert Picknicks und Ausflüge. ●

Restaurant

Pella Resthouse

Tel. 079/557 41 45

www.romero-jordan.com

Zu dem wunderbaren Blick, der an klaren Tagen bis zur Westbank und nach Nablus reicht, bekommt man St.-Peters-Fisch aus dem Jordan fangfrisch serviert. Ab Mittag bis 19 Uhr. ●●

Deir Alla 🟦 und Tell es-Saidiyeh 🔟

Eine der wenigen größeren Ortschaften am Jordan ist **Deir Alla** (»Hohes Kloster«). Auf einem ca. 30 m hohen Tell (Hügel) fanden Archäologen Siedlungsreste, die sie dem biblischen Ort Sukkot zuordnen. Dazu gehören Reste eines offenen Heiligtums aus der Mittleren Bronzezeit (ca. 1500 v.Chr.). Fast interessanter als der Tell-Rundgang ist ein Besuch des kleinen **Museums,** das Funde aus der Umgebung präsentiert (Sa–Do 8–13, 14–17 Uhr; Eintritt frei).

Für Laien vermutlich sehenswerter ist der wenig nördlich gelegene Siedlungshügel **Tell es-Saidiyeh,** und zwar wegen einer teilweise erhaltenen, eisenzeitlichen Treppe, die an seinem Nordhang in 125 (restaurierten) Stufen zu einer Quelle hinabführt.

Die Wüste im Osten

Nicht verpassen!

- Den Raum im Qasr Azraq, wo Lawrence von Arabien einen kalten Winter lang wohnte
- Die lebenslustigen Fresken aus islamischer Zeit im Qusair Amra
- Das Qasr Kharana: quadratisch, praktisch … einsam
- In Umm el-Jimal durch die basaltdunklen Ruinen spätrömischer Häuser streifen

Zur Orientierung

Die Badiyah, die weite Wüste östlich von Amman, besteht aus drei völlig unterschiedlichen Wüstenlandschaften: aus schwarzen Lavaeinöden im Nordosten, den Ausläufern des Jebel Hawran auf syrischem Boden; endlos flachen Ebenen übersät mit dunklem, sonnenverbranntem Kalkstein und Feuerstein; und – entlang dem Wadi Sirhan – einem Streifen Sandwüste, der im Südosten weit nach Saudi-Arabien hineinreicht.

Dort, wo diese drei Wüsten zusammentreffen, befindet sich die **Oase Azraq** – das arabische Wort bedeutet schlicht »blau«. Sie wird durch ein komplexes Netz von unterirdischen Wasserzuflüssen versorgt, die aus der Gegend des Hawran kommen. Dieses Wasser benötigt fast fünfzig Jahre für die Strecke nach Azraq. Um Azraq herum erstreckt sich der aus Schwemmsand bestehende Qa'a al-Azraq, unter dem eine dicke Salzkruste lagert, die industriell abgebaut wird.

In der Einsamkeit der Badiyah verstreut liegen die sogenannten **Wüstenschlösser** – fast surreal wirken die Karawansereien, Jagdschlösschen und Fortanlagen in der flimmernden Gleichförmigkeit am Rande der Asphaltstraße. Schon die Römer hatten in dieser

UNESCO-Weltkulturerbe
Qusair Amra

entlegenen Gegend zum Schutz der Provincia Arabia eine Kette von Kastellen errichtet. Auch Karawansereien und Klöster waren hier bereits lange vor dem Aufkommen des Islam entstanden. Doch in ihrer heutigen Form gehen die größtenteils erstaunlich gut erhaltenen Wüstenschlösser auf das späte 7. und frühe 8. Jahrhundert zurück. Ihre Bauherren waren die Ummaijaden, die in Damaskus residierende erste Kalifendynastie.

In ihrem Architekturbild unterscheiden sich die Bauten stark voneinander. Gemein sind ihnen aber bestimmte Elemente wie ein besonders betontes Eingangsportal, ein zentraler Hof, die daran anschließenden Wohneinheiten aus mindestens fünf Räumen, eine Audienzhalle, ein prächtig ausgestattetes Bad und eine Moschee.

Eine willkommene Unterbrechung auf der langen, sehr gut von Amman aus zu bereisenden Schleife durch die Wüste bieten die beiden von der RSCN betreuten Naturreservate bei Shawmari und in Azraq. Während man sich im **Shawmari Reserve** besonders um die Auswilderung der Oryx-Antilope und anderer Wüstentierarten bemüht, stehen in den **Azraq Wetlands** die Zugvögel im Mittelpunkt, die diese Oase seit Jahrtausenden als willkommenen Zwischenstopp nutzen.

Tour in der Region

Zu den Wüstenschlössern

──⑦── Amman › Qasr al-Mushatta › Qasr Kharana › Qusair Amra › Azraq › Hammam as-Sarah › Qasr al-Hallabat › Umm el-Jimal › Amman

Länge: 2 Tage/ca. 370 km
Praktische Hinweise: Für diese Tour braucht man einen Mietwagen. Vorabbuchung der RSCN-Lodge in Azraq ist unbedingt empfehlenswert › S. 54. Falls man nur einen Tag erübrigen kann, entfallen die Besuche der Naturreservate bei Azraq und der Abstecher nach Umm el-Jimal. Fast alle Hotels in Amman bieten Tagestouren zu den wichtigsten Wüstenschlössern (Kharana, Amra, Azraq und Hallabat) an. Für Qasr al-Kharana, Qusair Amra und Qasr Azraq ist nur ein Ticket (1 JD) nötig.

Zunächst fährt man gen Süden aus der Hauptstadt heraus bis zum Flughafen. Dort muss man umdrehen und wieder 4 km nach Norden Richtung Amman zurückfahren. Vor einer weiß gestrichenen Moschee rechts, am Abzweig »Jordan Traffic Institute«, biegt man ab und folgt den Schildern »Air Cargo« noch über die alte Trasse der Hidjaz-Bahn hinaus. Nach 7,4 km erreicht man die Ruinen des *Qasr al-Mushatta › S. 82. Sie liegen auf der linken Seite, rechter Hand befindet sich ein militärischer Checkpoint des Flughafens.

Auf demselben Weg gelangt man wieder gen Norden, folgt aber dann den Schildern nach Zarqa bzw. später zu den »Desert castles«. Ab der Ortschaft Sahab sind es noch 51 km bis zum *Qasr al-Kharana › S. 82, das sich einsam rechts der Straße erhebt. Es entspricht wohl am ehesten der Vorstellung von einem Wüstenschloss.

Das »rote Schlösschen«, das **Qusair Amra** › S. 83, ist das nächste und sicher prächtigste Gebäude am Weg. Es liegt ein Stück gen Norden vom Highway entfernt, etwa 16 km hinter dem Qasr Kharana.

Um die Mittagszeit sollten Sie **Azraq** › S. 84 erreicht haben. Hier bietet die Azraq Lodge, die dann auch Ihr Nachtquartier ist, die beste Option für ein Mittagessen (Vorbestellung erforderlich › S. 85). Am Nachmittag widmen Sie sich der Besichtigung des **Qasr al-Azraq** und erkunden das **Azraq Wetlands Reserve** auf dem Marsh Trail. Alternativ kann man in Azraq einen Geländewagen mit Fahrer für die Erkundung der römischen Ruinen des **Qasr Usaykhim** anmieten.

Am zweiten Tag nimmt man (eventuell nach einer frühmorgendlichen Vogelbeobachtung im Reservat) den 7 km hinter Azraq abzweigenden Highway 30 Richtung Zarqa. Nach ca. 48 km biegt rechts die Strecke zum **Hammam as-Sarah** › S. 85 und zum **Qasr al-Hallabat** › S. 85 ab. Folgt man dieser Route weiter gen Nordwesten, erreicht man eine Straße, die rechts nach Mafraq führt. Da es in der weiten Umgegend keine Restaurants gibt, bietet sich ein Stopp im ansonsten uninteressanten Mafraq an, zum Essen oder um für ein Picknick in den Ruinen von *Umm el-Jimal › S. 86 einzukaufen. Diese liegen etwa 15 km südöstlich von Mafraq. Nach der Besichtigung kehrt man über Mafraq wieder nach Amman zurück.

Fresken in Qusair Amra

7 **Zu den Wüstenschlössern** Amman › Qasr al-Mushatta › Qasr Kharana › Qusair Amra › Azraq › Hammam as-Sarah › Qasr al-Hallabat › Umm el-Jimal › Amman

Unterwegs in der Wüste im Osten

*Qasr al-Mushatta ▮

Die Seitenlänge der quadratischen Anlage beträgt gewaltige 144 m. Nicht minder eindrucksvoll war ihr Außendekor – wohlgemerkt »war«, denn 1903 machte der osmanische Sultan Abdul Hamid seinem Freund Kaiser Wilhelm II. einen Großteil der berühmten Südfassade zum großzügigen Geschenk (heute im Pergamonmuseum Berlin). Seither schmücken nur noch Bruchstücke von Stuckornamenten das Eingangstor. Bei einem Rundgang fallen viele unfertige Werkstücke auf: Diese und die unfertigen Mauern im Inneren weisen darauf hin, dass diese Anlage nie fertiggestellt wurde (bei Tageslicht; Eintritt frei). Es wird vermutet, dass der extravagante Kalif Walid II. für diesen Bau verantwortlich ist; er hatte auch das riesige, abgelegene **Qasr at-Tuba,** das nur per Geländewagen erreichbar ist, erbaut.

*Qasr al-Kharana ▮

Inmitten einer baumlosen Senke erhebt sich das Qasr al-Kharana. Es misst bloß 350 m², wirkt aber dennoch ungemein wuchtig und kompakt, da die Außenmauern nur über schmale Lichtschlitze verfügen. Zudem sind die vier Ecken von kreisrunden und die Längsfronten von halbrunden Türmen verstärkt.

Qasr al-Mushatta fasziniert auch durch seine Stuckornamente

Die zwei Stockwerke sind in ihrem Inneren räumlich ähnlich gegliedert. Das untere diente einst teilweise als Stallung, das äußerst reich und vielfältig dekorierte obere als Wohnraum. **Vom Dach genießt man einen großartigen Blick auf die Wüste.** Die Funktion des Qasr al-Kharana ist nicht endgültig geklärt. Der große Stallbereich deutet auf eine Karawanserei hin, jedoch fehlen ausreichende Brunnen oder Zisternen. Die prächtige Audienzhalle weist auf eine eher repräsentative Rolle hin. (Ungefähre Öffnungszeiten Mai–Sept. 8–18, Okt.–April 8 bis 16 Uhr; Ticket, 1 JD, gilt auch für Qusair Amra und Qasr Azraq.)

3 ***Qusair Amra ❸

Die wohl reizendste aller ummaijadischen Residenzen – heute UNESCO-Weltkulturerbe – wurde 1898 von dem österreichischen Arabisten Alois Musil entdeckt.

Das »rote Palästchen« ist das Relikt eines viel größeren Gebäudekomplexes, der wahrscheinlich auch eine Festung und Wohnanlagen umfasste. Man nimmt an, dass Kalif Walid I. die Anlage zwischen 705 und 715 errichten ließ. **Ihre überragende kunsthistorische Bedeutung verdankt sie den Fresken** – Bildern von Jagdszenen, Liebespaaren, Musikanten, halbnackten Tänzerinnen und auch Handwerkern – mit denen ein Großteil des Inneren bedeckt war und teilweise noch ist.

Besonders eindrucksvoll sind, neben dem Porträt des Kalifen im reich ausgestalteten Thronsaal, die Darstellungen in der Audienzhalle. Die Westwand wird vom Bild der großen, von ihrem Hofstaat beobachteten Badenden dominiert. Daran anschließend sind sechs Herrscher zu sehen, darunter Cäsar, als Personifizierung des byzantinischen Reiches, Roderich, der letzte Westgotenkönig, der letzte Sassanidenherrscher Chosrau und der Negus, (König) von Äthiopien. Sie sollen wohl die »Familie der bedeutenden Könige« symbolisieren, der sich Walid zugehörig empfand. (Ungefähre Öffnungszeiten Mai–Sept. 8–18, Okt.–April 8–16 Uhr.)

Luxus pur

Die Wüstenschlösser waren einst üppig mit Stukkaturen und Fresken, Marmorböden und -wänden sowie Mosaiken ausgestattet, besaßen luftige Audienzhallen und vielräumige Bäder nach römischem Muster – Oasen des Luxus in einer lebensfeindlichen und wasserlosen Ödnis. Welchem Zweck die Schlösser dienten, darüber stritten und streiten die Forscher nach wie vor. Insbesondere die Fresken des Qusair Amra stützen die Theorie, dass diese Repräsentationsbauten der Selbstdarstellung der Kalifen in einer Umwelt, die noch weitgehend durch nomadische Lebensgewohnheiten geprägt war, dienten, und den Kalifen so die Unterstützung ihrer wichtigsten Klientel sicherte.

4 **Oase Azraq** ④

In der Oase trifft die Sandwüste des Wadi Sirhan auf die Basalt-Ödflächen der Ausläufer des Hawran. Hier kreuzen sich seit alters die Karawanenrouten, bot die Oase doch die einzigen sicheren Wasservorkommen in einem Umkreis von sagenhaften 30 000 km². Generationen von Beduinen galt Azraq als irdisches Paradies.

Die Oase ist zweigeteilt: **Azraq ash-Shimali** im Norden ist mehrheitlich von Drusen bewohnt, während im Süden, in **Azraq al-Djanubi**, Tscherkessen siedeln.

Qasr Azraq

Im Herzen der Oase erhebt sich die mächtige, aus Lavagestein erbaute Burg Qasr Azraq. Ihr Vorgängerbau stammte aus der Zeit des Septimius Severus. Im 8. Jh. wandelten die Ummaijaden das Kastell in ein Schloss um. 500 Jahre später setzte ein ajjubidischer Statthalter namens Izz ad-Din Aybak die verfallene Festung wieder instand, um sie im Kampf gegen die »Franken« zu nutzen. Der letzte militärische Gast auf Azraq war Lawrence von Arabien. Er verbrachte in dem Raum über dem Haupttor erbärmlich frierend den Winter 1917/18. (Ungefähre Öffnungszeiten Mai–Sept. 8–18, Okt.–April 8–16 Uhr.)

Azraq Wetland Reserve

In dem südlich von Azraq gelegenen Schutzgebiet bedeckten vor fünf Jahrzehnten die Sümpfe und Tümpel noch über 10 km². Seither sind die Wasserflächen dramatisch geschrumpft. Besucher finden nur noch einzelne Wasserstellen, in denen es von Fischen wimmelt und an deren Ufern wilde Pferde und Wasserbüffel weiden. Immer mehr Wasser wird zur Versorgung Ammans bzw. der Landwirtschaft abgepumpt.

Von den einst rund 300 Vogelarten sind 95% bereits zum See Genezareth abgewandert. Die meisten Vögel sind im Winter (Dez.–Febr.) und im Frühjahr (Mitte März–Ende April) zu beobachten. Das Wetland Reserve erkundet man am besten auf dem

Qasr Azraq: Der drusische Führer erwartet seine Gäste an der schweren Steindrehtür

Marsh Trail, der über 1,5 km durch die Sümpfe führt, vorbei an Unterständen für die Vogelbeobachtung, einer Plattform oberhalb der Shishan-Quelle und (vermutlich) römischen Mauerresten (8 bis 18, im Winter bis 16 Uhr).

Shawmari Wildlife Reserve

Wie vielfältig die Fauna rund um Azraq einst gewesen sein muss, veranschaulicht ein Besuch im Shawmari-Reservat. Das etwa 15 km südlich von Azraq al-Djanubi gelegene Schutzgebiet wurde 1975 von der RSCN eröffnet, um in Jordanien ausgestorbene oder bedrohte Arten nachzuzüchten. Die Erfolge sind beachtlich: In dem 22 km² großen Gehege tummeln sich Gazellen, Strauße, Wildesel und, Stolz der Verantwortlichen, eine Herde Oryx-Antilopen. Die Infrastruktur des Reserve wurde jüngst renoviert, sein Visitor Centre erweitert. Außerdem steht neuerdings zur Tierbeobachtung ein Aussichtsturm zur Verfügung.

 Über die Azraq Lodge kann man Safaris zur Wildbeobachtung – besonders eindrucksvoll sind nächtlichen – buchen (lange im Voraus!). Die Oryx und ihr Lebensraum, der auch Heimat kleinerer und größerer Säugetiere und Reptilien ist, stehen dabei im Mittelpunkt.

Hotel

Azraq Lodge
Azraq al-Djanubi][Tel. 05/383 50 17
www.rscn.org.jo

Untergebracht im ehemaligen britischen Militärhospital, bietet die Lodge eine noch kolonial anmutende, allerdings sehr entspannte Atmosphäre und geräumige Zimmer mit Bad. In der angeschlossenen Werkstatt kann man lokal produzierte Waren erwerben. ●●

Restaurants

Eine Reihe preiswerter Restaurants findet sich an der südlich aus Azraq al-Djanubi hinausführenden Straße. Viele Touristengruppen frequentieren das gute Mittagsbüfett im **Azraq Palace Restaurant**, **Tel. 079/503 03 56**. ●

Qasr al-Hallabat ⑤ und Hammam as-Sarah

Die Mauern des **Qasr al-Hallabat** fußen auf dem Fundament eines römischen Kastells mit quadratischem Grundriss. Zur Zeit Caracallas wurde das Kastell aus hellem Kalkstein errichtet und später zweimal erweitert. Es diente dazu, die Grenze gegen die Parther zu verteidigen. In byzantinischer Zeit war es kurzfristig ein Kloster. Nach der Invasion der Perser wurde es verlassen und schließlich von den Ummaijaden zwischen 709 und 743 in einen dreistöckigen Palast mit vier Türmen umgebaut. Die Moscheeruine und das Bewässerungssystem stammen ebenfalls aus dieser Zeit.

Nur 2 km weiter östlich liegt an einer asphaltierten Straße das Badeschlösschen **Hammam as-Sarah,** Teil eines nur noch in Resten erhaltenen Kalksteinkomplexes.

Es wurde komplett rekonstruiert: Zu erkennen sind die Kanäle und Röhren für Heißwasser und Dampf, das Warmwasserbad sowie der Abkühlraum. (Bei Tageslicht; Eintritt frei.)

*Umm el-Jimal 6

Selten wurde eine Stadt auf einen so passenden Namen – »Mutter der Kamele« – getauft: Ganz in der Nähe kreuzten sich in der Antike die Handelsrouten aus dem Gebiet des heutigen Jordanien, Syrien und Irak. Die Stadt bot sich Karawanen als idealer Rastplatz auf dem Weg durch die Lavawüste an, zumal es ihre Einwohner perfekt verstanden, das Wasser der Winterregen mittels vieler kleiner Dämme in riesigen Zisternen zu speichern. Umm el-Jimal war eine Gründung der Nabatäer, wahren Meistern im Bau komplizierter Wasserversorgungssysteme.

Thantia, wie die Stadt wohl unter römischer Herrschaft hieß, liegt am südlichen Rand des Haw-

ran, der südsyrischen, von Drusen bewohnten Basaltebene. Dem schwarzen Vulkangestein, aus dem die Stadt erbaut ist, verdankt sie ihren guten Erhaltungszustand. Aus Mangel an Holz hatte man in ihrer Blüte, der byzantinischen Zeit, nicht nur Wände und Decken der Häuser und insgesamt 15 Kirchen, sondern auch deren Türen aus dem sehr widerstandsfähigen Material hergestellt.

Mit der Grandezza der Zentren der Dekapolis kann sich Umm el-Jimal freilich nicht messen. Es war nie mehr als ein mittelständischer Markt und Handelsknotenpunkt.

Die Besichtigung beginnt man am besten beim **Südwesttor** Ⓐ, einem der insgesamt sieben Tore, mit denen die Römer ihre im 2. Jh. erbaute Stadtmauer versahen. Rechts stehen gut erhaltene **Wohnhäuser** Ⓑ. Links eröffnet die **Südwestkirche** Ⓒ den Reigen mehr oder weniger erhaltener Kirchenruinen. Er setzt sich fort in der **Numerianoskirche** Ⓓ, der 557 erbauten **Kathedrale** Ⓔ, der **West-** Ⓕ, der nach ihrem Schöpfer benannten **Claudius-** Ⓖ, der **Julianus-** Ⓗ, **Nordost-** Ⓘ, **Doppel-** Ⓙ und **Masechoskirche** Ⓚ und endet an der **Südostkirche** Ⓛ. An Letztere grenzt der sog. **Gouverneurspalast** Ⓜ.

Weitere Profanbauten sind die einst römische **Kaserne** Ⓝ, das **Prätorium** Ⓞ und die Gruppe von **Wohnhäusern** Ⓟ, an denen man die beim Bau von Dächern aus flachen Basaltsteinen angewandte Kragsteintechnik erkennt. Bei Tageslicht; Eintritt frei.)

Im Gewölbe der Karawanserei von Umm el-Jimal

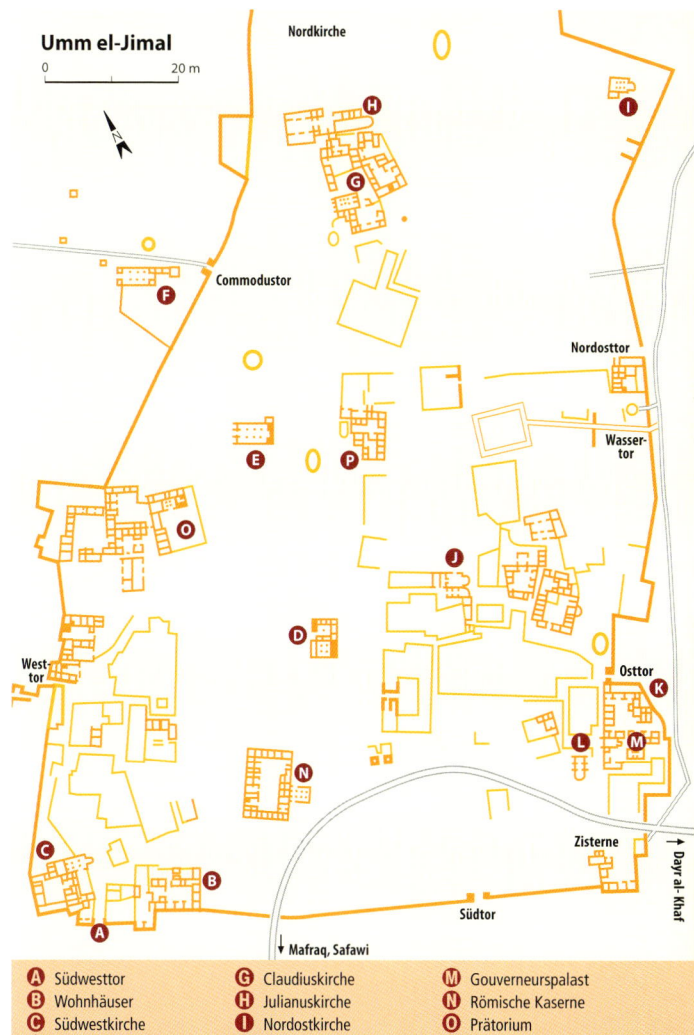

Umm el-Jimal

0   20 m

Nordkirche

Commodustor

Nordosttor

Wasser-
tor

West-
tor

Osttor

Zisterne

→ Dayr al-Khaf

Südtor

↓ Mafraq, Safawi

A Südwesttor	**G** Claudiuskirche	**M** Gouverneurspalast
B Wohnhäuser	**H** Julianuskirche	**N** Römische Kaserne
C Südwestkirche	**I** Nordostkirche	**O** Prätorium
D Numerianoskirche	**J** Doppelkirche	**P** Wohnhäuser
E Kathedrale	**K** Masechoskirche	
F Westkirche	**L** Südostkirche	

Totes Meer und Straße der Könige

Nicht verpassen!

- Ein Schlammbad im Toten Meer nehmen
- Nass werden beim Canyoning im Wadi Mujib
- Die Mosaiken in Madaba bewundern – ein Puzzle des Heiligen Landes
- In der Feste des Herodes bei Muqawir der Legende von Salome und Johannes dem Täufer nachspüren
- In der Ecolodge der RSCN in Feinan übernachten und die einzigartige Atmosphäre genießen

Zur Orientierung

Etwa eine Autostunde von Amman entfernt, im Grenzland zwischen Jordanien, Israel und Westjordanland, liegt das Tote Meer, arabisch Bahr al-Lut (Meer des Lot), der tiefste Punkt der Erdoberfläche. Mehrere Wadis und der Jordan speisen das Meer mit Frischwasser; einen Abfluss hat es nicht. Aufgrund der hohen Lufttemperatur verdunsten täglich über 10 Mio. Tonnen Wasser. Zurück bleibt ein Gemisch aus Salz und Mineralien nahe dem Sättigungspunkt, das Wasser ist leicht klebrig und milchig. Wer im Toten Meer badet, geht nicht unter – ein einmaliges Erlebnis! In den Hotels am Nordostufer des Meeres kann man in luxuriösen Spas die heilkräftige Wirkung von Wasser und Schlamm genießen.

Die Straße der Könige (Königsweg, King's Highway) wird bereits in der Genesis als Heerstraße durch das jordanische Hochland beschrieben. Vielfach mäandrierend windet sie sich durch einige der schönsten Orte und Regionen des Landes. Das schmale Band der heutigen Landstraße folgt der Kontur der Berge, die zum Toten Meer und zum Wadi Arabah hin abfallen. Tiefe Einschnitte wie das Wadi Mujib erfordern weite Umwege Richtung Wüste.

Der Patriarch Abraham – Juden, Christen und Muslimen gleichermaßen heilig – nutzte die Straße auf seinem Zug von Mesopotamien nach Kanaan. Seit Anbeginn der Geschichte war die Heeres-, Pilger- und Handelsroute eine der wichtigsten Verkehrsadern im Nahen Osten, führte sie doch vom syrischen Resafa bis ins ägyptische Memphis.

Moses wurde die Erlaubnis, über diese Straße zu ziehen, vom König der Edomiter verwehrt. Später nutzten die Nabatäer die Route, um ihre Waren von Petra aus in den Norden und bis nach Syrien zu transportieren. Nachdem die Römer das Land annektiert hatten, baute Traian die Verbindung – nun Via Nova Traiana genannt – für den Verkehr zwischen Busra (Syrien) und Aqabah aufwendig aus. Später sah die Straße christliche Pilger auf dem Weg ins Heilige Land. Auch für die Kreuzfahrer war der Königsweg wichtig, verband er doch die Burgen in Kerak, Shawbak, Petra und Aqabah im nun Oultrejourdain genannten Land. Seit dem 7. Jh. nutzen muslimische Pilger die Straße während der Hadj (Mekka-Wallfahrt).

Ab dem 16. Jh. bauten die Osmanen den parallel zum Tariq al-Muluk (Königsweg) in der Wüste verlaufenden Tariq al-Bint (Straße des Mädchens) aus. Der Königsweg verlor seine Bedeutung als überregionale Handelsroute. Sowohl die alte Trasse der Hidjaz-

Salzformationen am Toten Meer

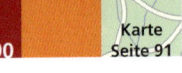

Wandern im Dana Nature Reserve

Bahn als auch der moderne Desert Highway folgen im Prinzip dem Tariq al-Bint.

Touren in der Region

Wadi Dana Trail (Dana Nature Reserve)

—⑧— Dana › Feinan (› Dana)

Länge: 14 km; mit Feinan Copper Mine Trail 17 km; 5–6 Std.

Praktische Hinweise: Die stetig bergab führende Tour kann man mit oder ohne lokalen Guide laufen. Wichtig ist, einen Rücktransport zu organisieren (z.B. durch die RSCN › S. 54). Alternativ in der Feinan Lodge übernachten (unbedingt reservieren!). Sonnenschutz und mind. 2 l Wasser mitnehmen – es kann sehr heiß werden, Schatten ist rar!

Der Weg durch das **Wadi Dana** › S. 105 beginnt am Dana Guesthouse, führt von ca. 1500 m ü. NN auf 300 m ü. NN hinunter und endet an der Feinan Lodge. Bedingt durch den relativ großen Höhenunterschied durchquert man während der Wanderung fünf verschiedene Klimazonen. Hat man einen Guide dabei, erfährt man viel Wissenswertes über Flora und Fauna – etwa 700 Pflanzen-, 200 Vogel- und 36 Säugetierarten sind hier heimisch.

Im oberen Bereich begleiten heller Sandstein und grüne Gärten die Wanderer. Je weiter man ins Tal hinabsteigt, desto dunkler wird das Gestein, wüstenhafter die Vegetation. In ***Feinan** › S. 106 angekommen, bietet sich ein weiterer, sehr lohnender Weg an: der Feinan Copper Mine Trail (Juli/Aug. geschl.). Auf dem 3 km langen Rundweg passiert man antike Kupferminen, Ruinen byzantinischer Kirchen und einen römischen Turm.

Malaqi Trail (Wadi Mujib Nature Reserve)

━9━ Wadi Mujib Visitor Centre › Wadi Mujib › Wadi Mujib Visitor Centre

Länge: 6–8 Stunden
Praktische Hinweise: Auf dem sog. *wet trail* werden einige Abschnitte schwimmend und kletternd zurückgelegt. Man sollte eine gute Kondition mitbringen und keine Höhenangst haben. Rettungswesten werden gestellt, Badesachen, Handtuch, wassertaugliche Schuhe und eine wasserdichte Tasche für Kamera und Wertsachen sollte man dabeihaben. Offen 11. April– 31. Oktober, guide obligatorisch. (Reservierung über RSCN › S. 54)

Die Tour beginnt am **Visitor Centre** › S. 96 gleich hinter der Brücke über das Wadi Mujib am Toten Meer. Zunächst geht es am Ufer etwa 3 km nach Süden, bevor man mit dem steilen, etwa 2std. Anstieg in die Berge beginnt. Durch eine Landschaft aus hellen Steinbuckeln führt die Route stetig bergauf und bergab im Bogen zurück zum Wadi Mujib. Im glasklaren Wasser tummeln sich kleine Fische und Frösche, im dichten Schilf leben Amphibien und viele Vögel. Es geht nun beständig bergauf bis zum Zusammenfluss des Mujib mit dem Hidan. Hier ist Zeit für eine Pause zum Ausruhen oder zum Baden in den natürlichen Pools. Nun ist es nicht mehr weit bis zum spannendsten

Abschnitt: Um in die Mujib-Schlucht hinabzugelangen, muss ein etwa 20 m hoher Wasserfall per Abseilen überwunden werden. Die restliche Strecke (etwa 1 Std.) legt man am oder im Wasser laufend und schwimmend zurück – zwischen den steil aufragenden Wänden der engen Mujib-Schlucht.

Totes Meer und Straße der Könige

0 _____ 30 km

━8━
Wadi Dana Trail (Dana Nature Reserve) Dana › Feinan (› Dana)

━9━
Malaqi Trail (Wadi Mujib Nature Reserve) Wadi Mujib Visitor Centre › Wadi Mujib › Wadi Mujib Visitor Centre

Unterwegs am **Toten Meer

**Totes Meer

Das Tote Meer ist der tiefste Punkt der Erdoberfläche – je nach Jahreszeit liegt der Wasserstand auf etwa 400 Metern unter dem Meeresspiegel. Sowohl in der Bibel als auch im Koran spielt das Tote Meer eine wichtige Rolle: Die »Fünf Städte der Ebene« – Sodom, Gomorrha, Admah, Zeboiim und Zoar – wurden nach der Genesis von Gott zerstört, möglicherweise ein Ereignis etwa 2300 v.Chr.

Das abflusslose Gewässer wird vom Jordan und mehreren Wadis gespeist. Doch aufgrund der intensiven Landwirtschaft im Jordantal fließen heute nur noch etwa 10% der einstigen Wassermassen ins Tote Meer. Die Industrieanlagen zur Pottaschegewinnung im Süden beschleunigen den Verdunstungsprozess. Die Folgen sind dramatisch: Der Wasserspiegel sinkt derzeit um etwa einen Meter pro Jahr, und deshalb ist die Uferlinie inzwischen um fast 30 Meter Richtung Meer »gewandert«. Der Mineraliengehalt ist in den letzten Jahren von 30 auf 33% gestiegen. Etliche Pläne zur Erhöhung des Wasserspiegels wurden bereits geschmiedet und wieder verworfen.

Viele Besucher versprechen sich durch Bäder und Schlammpackungen eine Linderung von Hautkrankheiten, andere erfreuen sich einfach daran, dass man auf-grund des hohen Salzgehaltes im Wasser treibt, ohne auch nur Hände und Füße unter Wasser halten zu können. Die besten Tageszeiten für ein Bad sind der Vor- und der späte Nachmittag, am Wochenende (Fr/Sa) herrscht reger Betrieb.

Wenige Kilometer südlich der Hotelmeile bei **Suweima 1** schließen sich zwei öffentliche Badestellen – **Amman Beach Tourism Resort** ❭ S. 24 und **O Beach Resort** ❭ S. 24 – mit guten Anlagen an. Tagesbesucher können gegen Eintritt die Badeanlagen und Wellnessoasen der Hotels nutzen.

Etwa 10 km südlich der Hotelmeile führt eine kurvenreiche Straße hinauf in die kahlen Berge. Auf einer felsigen Klippe erhebt sich hier der **Dead Sea Panorama Complex** (9–17, im Winter bis 16 Uhr) mit mehreren durch Fußwege verbundenen Aussichtspunkten, von denen an klaren Tagen die Berge Judäas zum Greifen nah scheinen. Weiterhin beherbergt der Komplex ein didaktisch vorbildliches Museum zur Geologie, Ökologie, Archäologie und Geschichte der Region sowie einen Shop der RSCN.

Hotels und Spas

Alle Hotels befinden sich am nordöstlichen Ufer des Meeres auf der Hotelmeile bei Suweima. Dort ist in den vergangenen Jahren eine ganze Reihe

luxuriöser Hotels aus dem Boden ge-
stampft worden. Alle verfügen über
ausgezeichnete Spas, die meist gegen
ein (recht üppiges) Entgelt auch Tagesgäste akzeptieren.

■ **Mövenpick Dead Sea**
Tel. 05/356 11 11
www.moevenpick-deadsea.com
Einerseits äußerst luxuriös, verströmt
die Gartenanlage mit um kleine Plätze
angeordneten, aus lokalem Kalkstein
errichteten Bungalows andererseits
fast lokales Flair. Alle Zimmer haben
einen Balkon. **Zara Spa**, Eintritt frei,
aber Mindestbuchung für Treatments
um 100 JD, Tel. 05/349 13 10, www.
zaraspa.com. ●●●

■ **Jordan Valley Marriott**
Tel. 05/356 04 00
www.marriott.com/qmdjv
Opulent gestaltetes Hotel mit großen
Zimmern und drei Pools. Zusätzlich
verfügt das Hotel über zwölf Restaurants, Bars und Cafés, einen Abenteu-
erspielplatz sowie jede Menge Freizeit-
angebote. **Marriott Spa**, für Hausgäste
gratis, für Tagesgäste19 JD. ●●●

Gesund urlauben: nach dem Heil-
schlammbad

■ **Kempinski Ishtar Dead Sea**
Tel. 05/356 88 88
www.kempinski-deadsea.com
Eines der führenden Luxushotels des
Nahen Ostens, mit über 100 Komfort-
zimmern und exklusiven separaten

Baden im Toten Meer

Ein Badeerlebnis der speziellen Art ist es, in die Fluten des Toten Meeres zu
steigen. Denn der extrem hohe Salzgehalt verschafft dem Körper weit mehr
Auftrieb als im gewöhnlichen Meerwasser. Schwimmen ist unmöglich, doch
kann man sich ohne die geringste Anstrengung auf dem Rücken treiben lassen
und dabei – für den obligatorischen Schnappschuss – sogar Zeitung lesen.
Verpassen Sie sich am Meeresufer eine Packung aus dem mineralienhaltigen,
schmutzig grauen Schlamm. Ihre Haut wird es Ihnen danken.

Einen Wermutstropfen beim salzigen Vergnügen gibt es allerdings: Die kleins-
ten Kratzer beginnen wie wild zu brennen, ein in die Augen verirrter Tropfen
verursacht minutenlange schmerzhafte Blindheit, und wieder an Land ist die
Haut im Nu mit einer unangenehm juckenden Salzschicht überzogen. Deshalb:
Nie ins Wasser, wo keine Dusche in der Nähe ist. Gehen Sie jedoch unbedingt
sparsam mit dem kostbaren Süßwasser um!

Villen. Neben dem langen Privatstrand befinden sich auf dem Gelände mehrere Restaurants, palmenumsäumte Pools und der grandiose Spa-Bereich: Das 10 000 m² große **Anantara Spa** ist mit über 20 Behandlungsräumen und mehreren Pools eines der größten der Region. ●●●

Restaurant

Panorama Restaurant
im Dead Sea Panorama Complex
Tel. 05/349 11 33

Echt gut! Exzellente lokale Küche mit einer großen Auswahl typischer *mezze* und auf Holzkohle gegartem Fleisch. ●●●

Echt gut!
Die interessantesten Ausgrabungen & Ruinen

■ **Jerash,** das antike **Gerasa,** ist eine gut erhaltene römische Stadt der Dekapolis. ❯ S. 66

■ Zwischen römischen Ruinen mit Blick auf das Libanongebirge wandelt man in **Umm Qays (Gadara).** ❯ S. 72

■ Das **Qusair Amra** ist eine Badeanlage mit lebensfrohen Fresken aus frühislamischer Zeit. ❯ S. 83

■ In **Umm el-Jimal,** der basaltdunklen Stadt aus spätrömischer Zeit, kann man zweistöckige Häuser erkunden. ❯ S. 86

■ Im Jordantal wurde Jesus von Johannes getauft – an der Taufstätte **Bethanien** (Baptism Site). ❯ rechts

■ Bei **Muqawir** verlangte Salome in der Festung des Herodes das Haupt Johannes des Täufers. ❯ S. 101

■ Viele Besucher kommen eigens nach Jordanien, um **Petra,** die weltberühmte »rosarote« nabatäische Metropole, zu besichtigen. ❯ S. 110

*Al-Maghtas (Bethanien) 2

An einer Furt kurz vor der Mündung des Jordan ins Tote Meer standen bereits im 6. Jh. Gasthäuser und Kirchen, um Pilger auf dem Weg von Jerusalem zum Berg Nebo zu beherbergen. In der Bibel steht: »Zu dieser Zeit kam Jesus von Galiläa an den Jordan zu Johannes, um sich von ihm taufen zu lassen« (Matthäus 3,13); »Dies geschah in Bethanien, auf der anderen Seite des Jordans, wo Johannes taufte« (Johannes 1,28).

Der Platz an der Einmündung des Wadi Kharrar in den Jordan wurde erst vor wenigen Jahrzehnten als Bethanien identifiziert. Zwar entdeckte man bereits 1899 einige Ruinen, doch konnten Ausgrabungen erst nach dem Friedensschluss von 1994 beginnen. Die Grabungen brachten Kirchen, einige Höhlen, etliche Brunnen und vor allem eine Reihe von Taufbecken aus dem 3.–10. Jh. ans Licht. Im Heiligen Jahr 2000 zelebrierte Johannes Paul II. hier eine Großmesse; Papst Benedikt XVI. besuchte Bethanien anlässlich seiner Nahostreise 2009.

Der Shuttle-Bus stoppt zunächst am **Tell Elias.** Dort soll der Prophet Elias in einem von feurigen Pferden gezogenen Wagen gen Himmel gefahren sein. An der modernen Taufstätte (gespeist mit gefiltertem Jordanwasser) verlässt man den Bus und läuft zur Quelle, an der Johannes Jesus getauft haben soll. Weiter geht es

Im spektakulären Wadi Mujib führen einige Wanderungen durchs Wasser

zur Ausgrabung dreier Kirchen aus dem 5. und 6. Jh. Vorbei an der **griechisch-orthodoxen Kirche** gelangt man zum Jordan – der berühmte Fluss ist kaum mehr als ein trübes Rinnsal. Auf der gegenüberliegenden israelischen Seite ist ein Taufkomplex zu sehen. Auf dem Rückweg passiert der Bus noch das **Haus der Maria von Ägypten** (Nov.–März und Ramadan 8–16, sonst 8–18 Uhr).

Info

Weiterführende Infos unter **www. baptismsite.com**. Der Eintrittspreis von 12 JD schließt eine einstündige Führung und den Shuttlebus zu den einzelnen Stätten ein. Nehmen Sie am Haupteingang die dort ausliegende Broschüre und Karte mit, denken Sie an leichte, aber körperbedeckende Kleidung (Hitze, Fliegen), eine Kopfbedeckung und Wasser.

Restaurant

Bethany Touristic Restaurant
an der Zufahrt vom Amman–Dead Sea Highway zum Baptism Site
Tel. 079/607 60 60
Die angeschlossene Fischfarm sorgt für frischen Tilapia (talloubi oder Baptism Fish), eine Buntbarschart. Besonders köstlich schmeckt er mit frischem Koriander. ●●

Echt gut!

6 ****Wadi Mujib Nature Reserve** 3

Ursprünglich zum Schutz des in Jordanien fast ausgestorbenen Nubischen Steinbocks *(Capra ibex nubiana)* eingerichtet, erfreut sich das einzigartige Natur-/Biospärenreservat heute größter Beliebtheit. Es erstreckt sich entlang des Wadi Mujib vom Hochland (ca. 900 m ü. NN) bis zur Mündung des Tals in das Tote Meer (ca. 400 m unter NN) und beherbergt außer dem seltenen Steinbock weitere 250 Tierarten wie den Syrischen Wolf und die Gestreifte Hyäne, über 180 Vogelarten – das Wadi ist zudem ein wichtiger Rastplatz für Zugvögel – und mehr als 400 Pflanzenarten.

Wer das Tal komplett erkunden möchte, wandert in rund 7 Std. auf dem anspruchsvollen **Mujib Trail** (15 km) vom Königsweg zum Toten Meer. Andere Wanderwege starten am Visitor Centre, z.B. der **Malaqi Trail** › S. 91.

Info

Visitor Centre
am Desert Highway neben der Brücke über das Wadi Mujib
Tel. 079/907 49 60
www.rscn.org.jo

Die Vorbuchung aller Wanderungen ist ratsam, da pro Tag und Weg mind. 3 bzw. max. 25 Personen gestattet sind. Die sog. »wet trails« sind nur geführt möglich und führen teilweise durchs Wasser – watend oder schwimmend. Rettungswesten werden gestellt, alle weitere Ausrüstung (› S. 91) sollten sie dabei haben.

Hotel

Mujib Chalets
am Zufluss des Wadi Mujib ins Tote Meer
Tel. 079/720 38 88 od. 06/461 65 23
www.rscn.org.jo
15 einfache Chalets mit Doppelbetten und Kühlschränken. Vom Patio aus kann man den Blick aufs Tote Meer genießen. Gemeinschafts-Sanitäranlagen mit Duschen und heißem Wasser; am kleinen Strand Süßwasserduschen. Vorbuchung unabdingbar. ●●

Unterwegs auf dem Königsweg

7 ** **Madaba 4

Charmant und einladend präsentiert sich die christlich geprägte 70 000-Einwohner-Stadt am Königsweg. Der alte Handelsstützpunkt blickt auf eine überaus bewegte Vergangenheit zurück: Bereits in biblischer Zeit wechselte Madaba mehrfach die Fronten. So ging es von den Moabitern in die Hände der Amoriter und schließlich der Israeliten über. Einen ersten wirklichen Aufschwung erlebte Madaba unter den Römern. Damals genoss es ähnliche Bedeutung wie Jerash, Amman und Pella. Aus der Blütezeit blieben allerdings nur eine Zisterne und einige wenige Säulen- und Tempelreste erhalten.

Weitaus eindrucksvoller sind die Zeugnisse aus der byzantinischen Epoche: Unter Justinian entstanden im 6. Jh. in der überaus wohlhabenden Christengemeinde vierzehn Kirchen (so der derzeitige Grabungsstand). Madaba entwickelte sich zu einem bedeutenden Zentrum der Mosaikkunst. Inspiriert von Musterbüchern, die im östlichen Mittelmeerraum zirkulierten, schmückte man mittels der in der Umgebung gebrochenen, verschiedenfarbigen sog. Tesserae-Steinchen die Fußböden von Basiliken und Wohnresidenzen prachtvoll aus.

Nachdem die Perserheere (614) und ein Erdbeben (746) die Stadt heimgesucht hatten, sank sie in einen Dornröschenschlaf, aus dem sie erst gegen Ende des 19. Jhs. wachgeküsst wurde. Rund 2000 Christen aus Kerak erkoren den Siedlungshügel zu ihrer neuen Heimat und stießen beim Ausheben der Fundamente für ihre Häuser auf erste Mosaiken. Seit 1897 legten Archäologen weitere Mosaiken frei.

Das berühmteste Mosaik befindet sich in der **St.-Georgs-Kirche: die sogenannten Madaba- oder Palästina-Karte.** Ursprünglich zeigte das aus etwa 2,3 Mio. Steinchen zusammengesetzte Bodenmosaik das gesamte Gebiet vom Nildelta im Süden bis zum Antilibanon im Norden, vom Mittelmeer bis zur Arabischen Wüste östlich der Linie Petra–Amman. Beim Bau der gegenwärtigen Kirche – sie wurde 1898 über den Ruinen eines byzantinischen Vorgängerbaus errichtet – wurde das Mosaik schwer beschädigt.

Dank der erstaunlich wirklichkeitsnahen Wiedergabe war es möglich, auch jene unter den insgesamt 150 dargestellten Orten zu identifizieren, die nicht mit griechischen Buchstaben bezeichnet sind. Das unübersehbare Zent-

Ganz aus Mosaiksteinen:
Die Palästina-Karte bedeckt eine
Fläche von 15,5 × 6 m

rum bildet – der altchristlichen Auffassung vom Nabel der Welt folgend – das heilige Jerusalem. (Mo–Do 8–18, Fr ab 9.30, So ab 10.30, im Winter nur bis 17 Uhr.)

Die vielfältigen Mosaiken des sog. **Burnt Palace** gehörten einst zu einem herrschaftlichen Wohnhaus, das später abbrannte. Holzstege führen an einigen Mosaiken vorbei, darunter lebendige Jagdszenen aus dem späten 6. Jh. (Hussein Bin Ali St., So–Do 8 bis 19, im Winter bis 17 Uhr.)

Am Burnt Palace ist die römische Hauptstraße zu erkennen, ebenso wie im **Archaeological Park** etwas weiter südöstlich (tgl. 8–18, im Winter bis 16 Uhr). Hier sind Mosaiken diverser Epochen versammelt, darunter ein Mosaik des 1. Jhs., das in Machaerus gefunden wurde und als ältestes erhaltenes Mosaik Jordaniens gilt.

Bildhafter sind die Böden der Kirche des Propheten Elias und die in der Hippolytushalle, die Szenen aus der griechischen My-

Laden im Zentrum von Madaba

thologie zeigen. Aus der Zeit nach dem byzantinischen Bilderstreit im früheren 8. Jh. stammt dagegen das geometrische Mosaik aus der Kirche der Jungfrau Maria.

 Werfen Sie anschließend unbedingt einen Blick in das **Madaba Institute for Mosaic Art & Restoration** gleich nebenan. Hier können Sie – mit Erlaubnis der Schulleitung – miterleben, wie ein Mosaik entsteht. Rufen Sie bei Interesse an einer Führung vorher an. (So–Do 8–15 Uhr, Tel. 05/324 07 23; www.jordanjubilee.com/hcrafts/schoolmos.htm)

Ein weiteres Schmuckstück findet sich in der **Apostelkirche:** Um die Darstellung der Personifikation des Meeres, Thalassa, tummeln sich Tiere und Früchte (al-Nuzha-St., tgl. Mai–Sept. 8–17 Uhr, Okt. bis Apr. 9–16 Uhr).

Info

■ **Ministry of Tourism & Antiquities**
gegenüber dem Burnt Palace
Tel. 05/325 26 87][www.tourism.jo
Informationen u.a. über die Ausgrabungs- und Restaurierungsarbeiten.

■ **Visitor Centre**
Abu Bakr as-Siddiq-St.
Tel. 05/325 35 63
Tgl. 8–17 Uhr.

Verkehr

Madaba ist von Amman (ca. 1 Std.) und vom internationalen Flughafen aus (ca. 45 Min.) per Taxi oder Bus einfach zu erreichen und bietet sich wegen seiner ausgezeichneten Infrastruktur als Standort an, wenn man die Verkehrsdichte von Amman scheut oder eine Rundreise mit einigen Tagen in dem angenehmen Städtchen abschließen möchte.

Hotels

■ **Madaba Inn**
Yarmuk St.][Tel. 05/325 90 03
www.madaba-inn.com
Zentral gelegen, ist dies eines der angesehensten Hotels Madabas mit nett eingerichteten 33 Zimmern, einem Restaurant und einem Café. ●●

■ **Mariam**
Aisha Um Al Mumeneen St.
Tel. 05/325 15 29
www.mariamhotel.com
Von der Familie Twal betriebenes Hotel mit 57 komfortablen Zimmern, Pool und ausgesprochen nettem Service. Der Besitzer organisiert Ausflüge in die nähere Umgebung und Transfers aller Art. ●

■ **St. George's Church Pilgrim House**
Tel./Fax 05/325 37 01

Zur Kirche gehörend, übernachten hier v.a. christliche Pilger, doch sind auch andere Reisende herzlich willkommen. **Die Zimmer sind sehr schlicht, aber blitzsauber und haben kleine Bäder mit heißem Wasser.** Die Erlöse aus dem Betrieb der Herberge gehen in die benachbarte konfessionelle Schule. ●

Restaurants

■ **Hareth Jdoudna**
Talal St.][Tel. 05/324 86 50
www.haretjdoudna.com
In einem Komplex restaurierter arabischer Häuser sind zwei Restaurants zu finden. In einem werden Pizza und Snacks serviert, im anderen eine gute Auswahl leckerer *mezze* und Holzofengerichte. Außerdem gibt es hier Souvenirshops mit qualitativ hochwertiger Ware. ●●

■ **El Cardo Restaurant**
Hussein bin Ali St.
Tel. 05/325 10 06
Im Obergeschoss dieses ebenfalls in einem restaurierten alten Haus gegenüber dem Archaeological Park untergebrachten Lokals wird mittags ein gutes Büffet mit Salaten, Hummus und Lamm oder Huhn angeboten. ●

Ausflüge

*Berg Nebo 5

»Mose stieg aus den Steppen von Moab auf den Berg Nebo, den Gipfel des Pisga gegenüber Jericho … Der Herr sagte zu ihm: Das ist das Land, das ich Abraham, Isaak und Jakob versprochen habe … Hinüberziehen wirst du nicht. Danach starb Mose, der Knecht des Herrn, dort in Moab, wie der Herr bestimmt hatte.« So

Mosaikdetail mit der Darstellung eines Zebus im Baptisterium auf dem Berg Nebo

steht es im Fünften Buch Moses geschrieben.

Der legendenumwobene, 808 m hohe Jebel Nebo, über eine kurze Straße Richtung Westen von Madaba aus zu erreichen, ist eigentlich eher ein Sporn des Hochlandes, der hier abrupt zum Toten Meer hin abfällt. **Die Aussicht auf das Jordantal, das Tote Meer und Jericho ist atemberaubend.** Das Mosaik im alten Baptisterium auf dem Berg zeigt Jagd- und Hüteszenen in einem afrikanisch anmutenden Ambiente mit Giraffen, Zebus und Löwen.

Hisban 6

Archäologen entdeckten im biblischen Hesbon, etwa 8 km nördlich von Madaba, eine 220 000 Liter fassende, beinahe 3000 Jahre alte Zisterne. Dass der Ort auch unter römischer, byzantinischer und selbst noch unter mameluckischer Herrschaft blühte, beweisen die Ausgrabungen diverser Wach-

Hammamet Ma'in, ein Muss für alle Jordanien-Reisenden

türme, Wohnhäuser und Gruften aus jenen Epochen sowie zweier Basiliken mit ihren schönen Mosaiken. Nachdem Hisban fast 500 Jahre unbesiedelt gewesen war, ließen sich erst vor einigen Jahrzehnten heir wieder Beduinen nieder. (Sonnenauf- bis -untergang; Eintritt frei; weitere Informationen zu den Ausgrabungen unter www.hesban.org)

*Hammamat Ma'in 7

Die »Bäder von Ma'in« mit ihrem hohen Schwefelgehalt sind seit Jahrhunderten als heilkräftig bekannt. Zwischen 40 und 60 °C heiß sind die Quellen, deren Wasser in Kaskaden über die steilen Felsen des Wadi Zarqa Ma'in fließt und sich im Wadi in natürlichen Pools sammelt. Rund um die Wasserfälle wurde der **Eco Sports**

Park mit Umkleidekabinen, einem Spa und Zugang zu den Haupt-Wasserfällen und Pools angelegt (8–23 Uhr). Einige der Pools sind (wenngleich nicht explizit so ausgezeichnet) nur Familien zugänglich: als weiblicher Tourist kann man diese Pools unbedenklich nutzen, als männlicher Besucher sollte man sie jedoch meiden.

Hotel und Spa

Evason Ma'in Hot Springs Hotel
Tel. 05/324 55 00
www.sixsenses.com
2009 eröffnetes, mehrfach ausgezeichnetes 5-Sterne-Luxushotel. Fast 200 ==großzügig geschnittene Zimmer mit kühlen Steinböden und dunklem Holzmobiliar== in asiatisch angehauchtem Stil, alle mit eigenem Balkon. Etwas talabwärts, direkt unterhalb einer der Thermalquellen, liegt das **Six Senses Spa**, in dem eine Vielzahl von Gesichts- und Körperbehandlungen,

Massagen und Therapien angeboten wird; Tagesgäste 38 JD, Voranmeldung empfehlenswert. ●●●

Dhiban 8 und **Oberlauf des Wadi Mujib

Das antike **Dibon** ist berühmt für seine reichen Funde, die teilweise bis in die Bronzezeit (um 3000 v. Chr.) zurückreichen. Das wohl interessanteste Stück ist der sog. Mescha-Stein (auch Moab-Stele genannt), eine Inschriftenstele aus dem Jahr 850 v. Chr., die als ältestes bekanntes Schriftstück in hebräischer Sprache gilt. Das Original steht im Pariser Louvre.

Kurz hinter Dhiban an der Hauptstraße entfaltet sich an einem Aussichtspunkt eine **dramatische Szenerie:** 400 m tief und 4 km breit klafft hier ein Riss im Plateau, der den Beinamen »Jordaniens Grand Canyon« trägt. Der Arnon, das Bächlein auf dem Grund des **Wadi Mujib,** bildete in biblischer Zeit die Grenze zwischen Moab im Süden und dem Reich Davids im Norden. Auf 18 km schlängelt sich der King's Highway ins Wadi hinab, überquert einen Damm und führt auf der anderen Seite wieder hinauf.

Muqawir 9

Am Westrand des ansonsten unbedeutenden Ortes erblickt man vor der beeindruckenden Kulisse des Toten Meeres einen stumpfen, fast 700 m hohen Bergkegel.

Dieser wird von den Ruinen der antiken Festung Machaerus bekrönt. Ihr heutiger Name *Qasr al-Mashnaqah bedeutet so viel wie »Galgenburg«. Ursprünglich von dem Hasmonäer Alexander Iannäus (103–76 v.Chr.) errichtet, wurde die Burg auf Betreiben Herodes des Großen (um 30 v.Chr.) ausgebaut und um weitläufige Palastanlagen inklusive Luxusthermen ergänzt.

Bani Hamida House

Kurz nach der Ansiedlung der Beduinen bei Muqawir wurde 1985 eine Initiative gegründet, die den früheren Nomadinnen eine Einkommensquelle verschaffen sollte: Einige ältere Frauen begannen, an den typischen, auf dem Boden aufgespannten traditionellen Webstühlen Teppiche herzustellen. Inzwischen sind etwa 1200 Frauen aus der Umgebung beschäftigt. Die Teppiche werden nicht nur an Touristen verkauft, sondern schmücken namhafte Galerien in aller Welt. In den Ausstellungsräumen, die direkt an der Straße zur Festung liegen, kann man die farbenprächtigen Kelims und Kissen bestaunen und erwerben (So–Do 8–14 Uhr, aber unregelmäßig; Tel. 06/593 32 11, www.jordanriver.jo).

Buch-Tipp   Das Buch **A Bedouin Perspective: Jebel Bani Hamida Women Reflect on Their Lives** (erhältlich in der Galerie) erzählt vom Aufbau der Kooperative in den 1990er-Jahren.

Berühmtheit gewann die Festung durch Johannes den Täufer: Der Tetrarch Herodes Antipas, der als einer der Nachfolger seines Vaters Herodes des Großen in der Burg residierte, hatte eine nabatäische Königstochter aus Petra geehelicht, diese aber dann zugunsten seiner Schwägerin Herodias verstoßen. Als Johannes es wagte, ihn deswegen zu tadeln, ließ ihn der Tyrann verhaften. Nach biblischer Überlieferung war der König bei seinem Geburtstagsfest so sehr vom Tanz der Tochter der Herodias, Salome, angetan, dass er gelobte, seiner Stieftochter jeglichen Wunsch zu erfüllen. Salome ließ sich daraufhin – in Absprache mit ihrer Mutter – den Kopf des asketischen Bußpredigers auf einer silbernen Schale servieren. Diese Geschichte wurde durch viele bildliche Darstellungen und durch die Oper gleichen Namens von Richard Strauss weltbekannt.

***Umm ar-Resas 🔟

Die vermutlich von den Römern angelegte Siedlung besteht zwar nur aus Trümmern, sieht man von der teils erhaltenen Stadtmauer und dem etwas außerhalb im Norden 15 m hoch aufragenden Burj Sama'an (Turm des Simon) ab. Sie birgt jedoch Teile mehrerer byzantinischer Kirchen – darunter die Bodenmosaiken aus der Stephanskirche, die Alltagsszenen sowie mehr als ein Dutzend historischer Städte dies- und jenseits des Jordan zeigen. Die **bedeutenden Mosaiken** waren eines der Hauptkriterien für die Aufnahme der Stätte ins UNESCO-Weltkulturerbe. (Tgl. 8–17 Uhr, Eintritt frei.)

8 **Kreuzfahrerburg Kerak 🕚

Zwischen Kornfeldern und Olivenhainen gelegen, schiebt sich schon von Weitem die Burg von Kerak ins Blickfeld. 950 m über Normalnull erhebt sich der Hügel, auf dessen Spitze sie thront.

Die moderne, malerisch zu Füßen der Burg gelegene Stadt Kerak zählt 23 000 Einwohner und ist Hauptstadt der gleichnamigen Provinz. In der Bibel ist sie als Kir-Heres, »Scherbenstadt«, erwähnt. In byzantinischen Zeiten war sie Bischofssitz, und noch im 14. Jh. bestand die Bevölkerung mehrheitlich aus Christen.

Die alles überragende Kreuzfahrerburg wurde 1142 von Payen Le Bouteiller errichtet, dem Verwalter der fränkischen Provinz Oultrejourdain. Strategisch überaus günstig gelegen, weil einen Tagesritt sowohl von Shawbak als auch von Jerusalem entfernt, bildete die Feste ein wichtiges Glied in jener Kette von Burgen, die die europäischen Invasoren von der Südtürkei über das heutige Syrien bis an das Rote Meer spannten.

Das Wunderwerk des Festungsbaus hielt über 40 Jahre lang meh-

Die mächtige Kreuzfahrerfestung Kerak wurde im Jahr 1142 errichtet

reren Anstürmen muslimischer Heere stand. 1188 fiel sie in die Hand des ayubidischen Heerführers Saladin. Er ließ den für seine Gräueltaten berüchtigten Rainald von Chatillon, seit 1177 Burgherr von Kerak, öffentlich köpfen und seinen Kopf am Tor aufspießen.

Im Mittelalter betrat man die Zitadelle durch gut zu verteidigende Felstunnel, heute gelangt man über den aufgefüllten Burggraben durch ein Eisentor ins Innere. Der 250 m lange und bis zu 135 m breite Bau wurde in jüngster Zeit zwar teilweise restauriert, doch wirkt das Labyrinth aus Türmen, Wehrmauern, Höfen, Zisternen, großen Hallen und einer Kapelle immer noch recht desolat. Die ursprünglichen Funktionen der einzelnen Räume sind bestenfalls zu erahnen. Gut unterschei-

den lassen sich allerdings die fränkischen von den jüngeren arabischen Bauteilen: Die Kreuzritter verwendeten vulkanischen, rötlich schwarzen Fels, die Muslime benutzten grau-gelbliche Kalkblöcke.

Den teils enttäuschenden Zustand der Burg macht die fantastische **Aussicht vom oberen Hof** mehr als wett: Sie reicht an klaren Tagen bis nach Jerusalem. Den baulichen Höhepunkt bilden die gewaltigen Gewölbegänge und Säle im Kellergeschoss. Die Anlage ist geöffnet Sa–Do 8–17, Fr 10 bis 16 Uhr; Tel. 03/235 12 16.

Einen Besuch verdient auch das **Museum** in der Unterburg (schließt eine Stunde vor der Zitadelle). Es zeigt Grabungsfunde und historische Fotos von Stadt und Festung.

Karte
Seite 91

Hotels

■ Mujeb

4 km östlich der Burg an der Straßenkreuzung Richtung Rabba bzw. Qatraneh

Tel. 03/238 60 90

Das altgediente Hotel präsentiert sich seit seinem umfassenden Facelifting 2011 sauber, luftig und modern möbliert. Warmherziger Service. Wermutstropfen: die etwas dezentrale Lage. ●●

■ Qairwan Hotel

östlich der Burg noch außerhalb der Altstadt an der Zufahrtsstraße vom Königsweg

Tel. 03/239 60 22][**079/525 02 16**

moaweyaf@hotmail.com

Kleines, familiengeführtes Hotel mit nur neun individuell eingerichteten Zimmern. Bei Wochenendbuchung vorher fragen, ob eine Hochzeit in dem Ballsaal des Hotels stattfindet, dann kann es laut werden. ●

Restaurants

■ Kir Heres

Al-Qala'a St.][**Tel. 079/564 02 64**

Preisgekröntes Restaurant mit einer großen Auswahl lokaler Gerichte,

Echt gut!

Karg ist das Mahl auch für Tiere im Wadi al-Hasa

wie frittierter Halloumi und Champignons mit Thymian und Knoblauch, einem guten lokalen Weißwein und geschmackvollem Interieur. Reservierung besonders am Wochenende empfehlenswert. ●

■ In der **Al-Mujamma-Street** bieten mehrere einfache, aber exzellente Restaurants u.a. reichhaltige Mezze-Büfets an, darunter das **Abu al-Fid'a** und das **Ram Peace** (beide ●).

*Wadi al-Hasa und Kirbat at-Tannur ⑫

Knapp 20 km südlich von Kerak tut sich an der Straße der Könige wiederum ein gewaltiger Canyon auf: Das 800 m tiefe **Wadi al-Hasa,** das biblische Tal Zeres, bildete einst die Grenze zwischen den Reichen von Moab und Edom. Außerdem trennt es zwei unterschiedliche Landschaftsformen: relativ sanfte, hügelige Plateaus im Norden von dem schrofferen, von tieferen Tälern durchfurchten Land im Süden. An der Nordseite des Tales hat sich ein dunkler Vulkanschlot durch den ansonsten sehr hellen Kalkstein gedrückt.

Direkt gegenüber blicken die nabatäischen Tempelruinen des **Kirbat at-Tannur** von einem Vorsprung ins Tal hinunter. In dieser Tempelanlage aus dem 2. Jh. n. Chr. wurden u.a. eine Nike- und eine Atargatis-Statue gefunden (Original bzw. Kopie im Nationalmuseum in Amman). Auch wenn die Ruinen an sich recht wenig hergeben, lohnt ein Abstecher (sehr schwer lesbares Hinweis-schild 24 km südlich von Mazar nach rechts abgehend) schon allein wegen der grandiosen Aussicht ins Wadi al-Hasa.

Wenn Sie in den Sommermonaten in dieser Gegend unterwegs sind, probieren Sie unbedingt die **köstlichen Kaktusfeigen,** die dann überall am Straßenrand feilgeboten werden.

Tafila 13

Der malerisch inmitten von Obst- und Olivenhainen gelegene Marktflecken ging in die Geschichte als Schauplatz jener Schlacht ein, bei der Oberst Lawrence 1918 mit seinen arabischen Beduinenkämpfern das einzige Mal in direkter Konfrontation mit osmanischen Verbänden militärisch die Oberhand behielt. Tafila ist der letzte Ort vor Aqabah, von dem eine asphaltierte Straße zum Toten Meer bzw. zum Wadi Arabah führt.

Dana 14

Der heute fast verlassene Ort war namengebend für das inzwischen wichtigste und wohl bekannteste Naturreservat Jordaniens, das Dana Nature Reserve.

Der Ort selbst thront auf einem Vorsprung über dem zerklüfteten Wadi Dana, das im Westen zum Wadi Arabah hin entwässert. Seine aus hellem Kalkstein errichteten Häuser bergen im Zentrum eine einfache Moschee und eine saubere, eingefasste Quelle. Die

Steinadler im Dana-Wildreservat

Zufahrt zum Besucherzentrum zweigt kurz vor dem Ortseingang nach links ab.

 **Dana Nature Reserve

Das Nature Reserve wird von der RSCN › S. 54 betreut und stellt eines der letzten Refugien etlicher bedrohter Spezies im Vorderen Orient dar. Etwa 700 Pflanzenarten, 200 Vogel- und 36 Säugetierarten sind hier nachgewiesen worden. Zu den Säugern zählen der fast ausgestorbene Nubische Steinbock, der Syrische Wolf, Hyäne, Schakal und Sandkatze.

Das etwa 300 km² umfassende Naturschutzgebiet erstreckt sich über vier Klimazonen, die mediterrane, die saharo-arabische (wüstenhafte), die irano-turanische (steppenhafte) und die subtropische (»sudanesische«) Zone. Entsprechend vielfältig sind die hier gedeihenden Baumarten, darunter Roter Wacholder, Eiche, Pistazie, Oleander, Akazie und Zypresse.

Kleiner Ort in der wilden Landschaft des Dana Nature Reserve

In Dana wandert man (beispielsweise auf dem Wadi Dana Trail ❯ Tour 8, S. 90) oder beobachtet Vögel.

Im **Visitor Centre** erhält man umfangreiches Informationsmaterial zu den Aktivitäten der RSCN, die sich nach Einrichtung des Naturparks zunächst um die Umsiedlung der Dorfbewohner und die Schaffung neuer Erwerbsquellen kümmern musste, da das Gebiet nicht mehr beweidet werden sollte. So entstanden u.a. eine Manufaktur zur Herstellung getrockneter Früchte und eine Silberwerkstatt. Zudem bietet das Nature Reserve Arbeitsplätze für Führer und Ranger sowie im Guesthouse.

Buch-Tipp Tony Howard und Di Taylor: **Jordan – Walks, Treks, Caves, Climbs and Canyons** (Cicerone Press, 2008; im Buchhandel, auch in Jordanien). Viele ausführlich beschriebene Wanderungen in der Sandsteinlandschaft um Dana und Petra.

*Feinan

Am Westrand des Naturreservats, im Wadi Arabah, liegen die **Kupferminen** von Feinan. Diese Minen gehörten in der Antike zu den größten im Nahen Osten. Ihre Vorkommen waren bereits in der frühen Bronzezeit, also seit etwa 2500 v.Chr., bekannt. Gigantische Schlackehügel von mehr als 200 000 Tonnen zeugen von Ab-

leder aus, sodass die Beduinen auch hier eine zusätzliche Einnahmequelle erhielten und es sich nun leisten können, weniger Tiere in festen Umzäunungen außerhalb des Naturparks zu halten.

Info

Visitor Centre
neben dem Dana Guesthouse
Tel. 03/227 04 98-7
Eintritt 7 JD, wird mit einer Übernachtung in einem der RSCN-geführten Hotels bzw. Camps verrechnet. Für die meisten Wanderungen ist ein Guide obligatorisch. ❯ www.rscn.org.jo

Hotels

■ **Dana Guesthouse**
Tel. 03/227 04 97][**www.rscn.org.jo**
dhana@rscn.org.jo
Auf einer Terrasse oberhalb des Wadi Dana gelegenes, stilvoll-schlicht ausgestattetes Gästehaus mit nur acht Zimmern, vom Stararchitekten Ammar Khammesh gestaltet. ●●

■ **Feinan Ecolodge**
Buchung Tel. 6/464 55 80
oder über Dana Guesthouse
www.feynan.com
Spartanisch-elegantes Design-Schmuckstück , ebenfalls von Ammar Khammesh. Abseits von allem, wildromantisch am Fuße der Berge gelegen, erreichbar nur per 5-stündiger Wanderung oder vom Wadi Arabah aus per Geländewagen. 26 Lehmbungalows mit eigener Terrasse, ausschließlich Kerzenbeleuchtung. Sept.–Juni. ●●

Echt gut!

■ **Rummana Campsite**
Buchung über RSCN bzw. Dana
Guesthouse
Am nördlichen Talrand gelegenes Zeltcamp mit 20 fest installierten Zelten

bau und Verhüttung in geradezu industriellem Maßstab, für die riesige Mengen an Holz aus dem Bergland zu den Minen geschafft werden mussten. Seine Höhepunkte erreichte der Kupferabbau in edomitischer (9.–5. Jh. v.Chr) und römischer Zeit – damals waren die Minen die größten im gesamten Reich. Ein **Aquädukt** und eine **Zisterne** sind zusammen mit den spärlichen Ruinen einer **byzantinischen Kirche** die einzigen Überreste aus der Vergangenheit.

Auch in der Gegend um Feinan hatte die Überweidung der ohnehin spärlichen Vegetation durch Ziegen zu Schäden geführt. Die RSCN bildete die Beduinenfrauen in der Verarbeitung von Ziegen-

(mit Matten, Decken, Kissen) und einem sauberen Sanitärblock. Ausgangspunkt für viele Wanderungen. ●

■ **Dana Hotel**
Tel. 03/227 05 37
www.danavillage.piczo.com
suleimanjarad@yahoo.com
Einfaches, direkt gegenüber der Moschee gelegenes Hotel mit 17 spartanisch eingerichteten Zimmern

Die schönsten Wanderungen

■ Der **Soap Makers Trail** bei Ajlun führt durch Laubwälder und Felder zu einer kleinen Seifenmanufaktur.
❯ S. 65

■ Das **Wadi Dana** ist das Herzstück des Dana-Naturparks: Es durchquert vier Klimazonen und reicht vom oben liegenden hellen Kalkstein durch die Sandsteinzonen bis hinab in die dunklen Granitfelsen. Eine Wanderung entlang des Flusslaufs offenbart die ganze Vielfalt der jordanischen Bergwelt. ❯ S. 90

■ »Petra mit Wasser« ist eine treffende Beschreibung für die Landschaft, die man auf dem anstrengenden, etwa achtstündigen **Malaqi Trail** (Wadi Mujib) durchquert. ❯ S. 91

■ **Petra:** Abseits der Massen durch oleanderbestandene Täler und über kräuterduftende Hochebenen die Landschaft der Nabatäer erkunden.
❯ S. 111

■ Das **Wadi Rum** auf dem Kamelrücken erleben – zwischen den hoch aufragenden Wänden des Siq al-Barrah packen einen die Stille und Erhabenheit dieser Wüstenlandschaft ganz besonders. ❯ S. 126

und einer Majlis – einer Art Wohnzimmer unter einem Zeltdach – im Hof. Das Dana Hotel wird von einer Kooperative des Dorfes geführt; mit den Erlösen werden die wenigen im Dorf verbliebenen Alten unterstützt und Universitätsstipendien für Jugendliche aus ärmeren Familien ausgelobt. ●

*Shawbak [15]

Hauptattraktion des Städtchens ist die Ruine der gleichnamigen **Kreuzfahrerburg,** zu erreichen über eine rechts im Ort abzweigende Straße.

Montreal oder Mons Realis, der »Königliche Berg« nannte man diesen ersten Stützpunkt der Franken in Oultrejourdain. Er wurde 1115 von Balduin I. erbaut und 1189 von Saladin erobert. Wenig später bauten die Mamelucken vor allem die Außenanlage mit großem Aufwand aus. Ende des 19. Jhs. wurde der Bau schließlich von den Osmanen als Militärunterkunft genutzt und später von den Bauernfamilien der Umgebung zum Privatquartier umfunktioniert.

Heute ist die Festung weitgehend zerstört. Erhalten blieben die Ecktürme, einige Schießscharten, zwei Kirchen sowie Zisternen und ein tiefer Brunnen. Zu Letzterem können Abenteuerlustige – hinter einem Führer – über 356 in den Fels gehauene Stufen hinabsteigen.

Felsentempel ad-Deir in Petra – größer als das Schatzhaus

Nicht verpassen!

- Die Wanderung durch den gewundenen Siq bis zum Schatzhaus – am besten frühmorgens
- Petra by Night: die grandiosen Ruinen bei Kerzenschein erleben
- Im Talkessel des Ammarin Camp die bei Sonnenuntergang rot glühenden Felsen bewundern
- Auf dem Prozessionsweg zum Hohen Opferplatz hinaufsteigen und den Blick auf die antike Stadt genießen
- Während einer Wanderung vom Siq al-Barid zum ad-Deir die Naturschönheiten um Petra kennenlernen

Zur Orientierung

Die Sandsteinruinen von Petra (griech.: Fels), der 2000 Jahre alten Handels- und Königsstadt der Nabatäer, sind eines der großen architektonischen Wunder der Welt. Hätte man in Jordanien nur für eine einzige Besichtigung Zeit, die Wahl müsste auf Petra fallen.

Die gesamte touristische Infrastruktur der viel besuchten Ruinenstätte befindet sich im Städtchen Wadi Musa: Hotels, Restaurants, Läden, Tourenveranstalter. Von hier aus erkundet man die faszinierenden Überbleibsel der Nabatäerkultur.

Das Stadtzentrum des antiken Petra liegt in einem Talkessel, den man zumeist durch den Siq, eine kilometerlange Schlucht, von Osten her betritt. Der Siq endet am Schatzhaus – einem der am besten erhaltenen Monumente. Am Theater vorbei folgt man dem Wadilauf gen Westen in die eigentliche Stadt hinein. Diese liegt in einer steinigen, von Sandsteinbergen umgebenen Ebene.

Neben dem Siq führen zahlreiche weitere Wadis in das Stadtgebiet hinein und aus ihm heraus. Diese wurden in der Antike ebenfalls für den Warentransport genutzt. Sowohl im Süden bei Sabra als auch im Norden im Siq al-Barid befanden sich Siedlungen, in denen die kostbare Handelsware der Nabatäer umgeladen und zwischengelagert werden konnte.

Seit Anbeginn der Geschichte war die Arabische Halbinsel eine Drehscheibe des Welthandels: für Myrrhe und Weihrauch, für Güter aus Indien und Afrika. Um 300 v. Chr. entstand auf dem Gebiet des heutigen Jordanien ein in seiner Art einmaliger Karawanenstaat: Das Wüstenvolk der Nabatäer war in das Gebiet zwischen Aqabah und dem Toten Meer geströmt. In 950 m Seehöhe schlug es seine Hauptstadt Petra in den weichen nubischen Sandstein und sicherte die Wasserversorgung durch ein hoch entwickeltes Kanalsystem. Die Abgeschiedenheit des Tals gewährte die nötige Sicherheit, die Lage am Königsweg die strategisch dominierende Position im Transitgeschäft.

Bald betrieben die Nabatäer den Ferntransport im großen Stil. In der Oase Higra (Medina) übernahmen sie den Weihrauch von

Typisch: die marmorierten Felsformationen und Maserungen im Gestein

den Südarabern. Von dort zogen ihre Karawanen bis zu den Häfen Gaza oder Rhinocolura, dem späteren al-Arish, oder tiefer im Landesinneren durch das Wadi Sirhan nach Busra und Damaskus.

Im letzten vorchristlichen Jahrhundert erreichte der nabatäische Staat seine größte Ausdehnung. Es war ein Staat ohne eigentliche Grenzen, ohne Steuern oder soziale Unruhen und mit nur wenigen Sklaven; ein Staat, dessen Streben einzig dem Gewinn durch Handel galt. Entsprechend reagierten die Nabatäer mit Verhandlungen oder Rückzug statt mit kriegerischer Verteidigung auf Aggressionen von außen.

Ab dem Jahr 106, als die Römer den Norden der Halbinsel zur Provincia Arabia erklärten und die Schifffahrt im Roten Meer forcierten, fruchtete diese Strategie nicht mehr. Endgültig verloren die Nabatäer ihr Handelsmonopol im dritten nachchristlichen Jahrhundert. Die Handelsströme verlagerten sich gen Osten, und so geriet das nabatäische Handelsimperium in Vergessenheit – und mit ihm seine wundersame Hauptstadt.

Im Sommer des Jahres 1812 entdeckte der Schweizer Orientreisende Johann Ludwig Burckhardt (1784–1817) dieses Weltwunder als erster Europäer wieder › S. 118, 1924 begannen systematische Ausgrabungen. Seitdem haben Archäologen über 800 Denkmäler verzeichnet – Gräber, Tempel, Opferplätze, Bäder, Brunnen und Kanäle, Mauern und Türme zur Verteidigung, eine Säulenstraße, ein Theater … Die Kombination aus grandiosen Baudenkmälern der Antike und einer ebenso grandiosen Gebirgslandschaft macht aus Petra eine der fantastischsten Ruinenstätten der Welt.

Touren in der Region

Rundwanderung vom Siq al-Barid zum *Ad-Deir

⬤ 10 ❯ Siq al-Barid ❯ Al-Beida ❯ Jebel Qattar ❯ Ad-Deir ❯ antikes Stadtzentrum ❯ Wadi Mu'aysarah ash-Sharqiyah ❯ Siq al-Barid

Länge: 14 km; 6–8 Stunden
Praktische Hinweise: Man gelangt entweder per Taxi (ab Wadi Musa 12 JD) oder per Mietwagen zum Siq al-Barid. Die Straße dorthin zweigt vor dem Mövenpick Hotel nach Nord ab und ist mit »al-Beida« ausgeschildert. Am Parkplatz vor dem Eingang zum Siq al-Barid sollte man sich einen lokalen Führer nehmen (oder alternativ vorab im Ammarin Camp ❯ S. 122 organisieren; um 100 JD pro Tag). Voraussetzungen für diesen Trail sind Schwindelfreiheit, gute Kondition, knöchelhohe Wanderschuhe, eine Kopfbedeckung und mindestens 2 l Wasser.

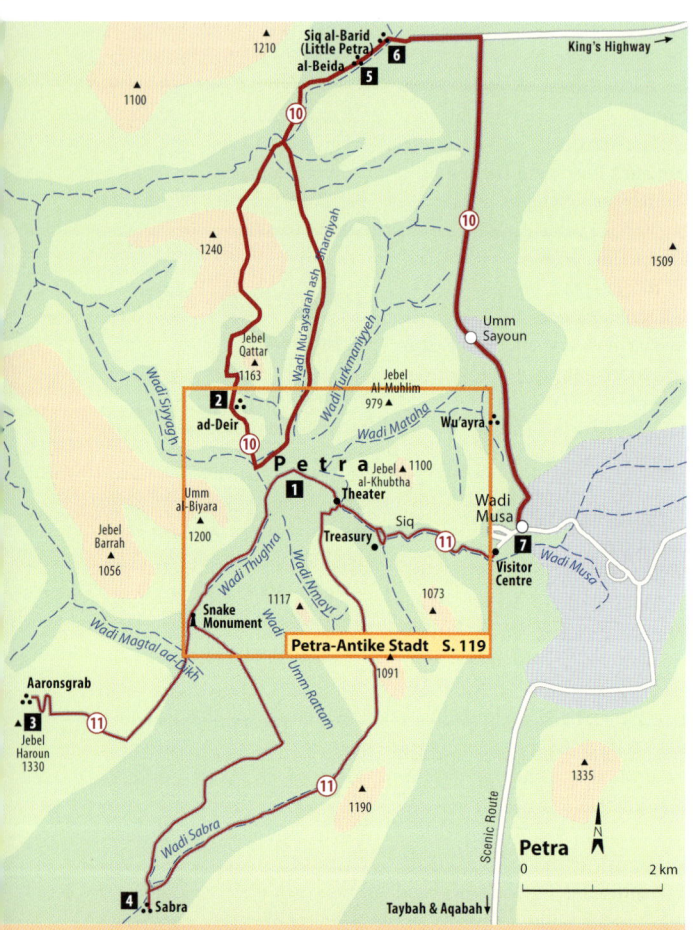

Petra-Antike Stadt S. 119

10 — Rundwanderung vom Siq al-Barid zum ad-Deir
Siq al-Barid › al-Beida › Jebel Qattar › ad-Deir › antikes Stadtzentrum ›
Wadi Mu'aysarah ash-Sharqiyah › Siq al-Barid

11 — Zweitägige Wanderung: Jebel Haroun und Wadi Sabra
Antikes Stadtzentrum (Pharaonensäule) › Wadi Thugra › Snake
Monument › Jebel Haroun › Wadi Sabra (Theater und Quellen) › Siq

Nach einer kurzen Erkundung des **Siq al-Barid** › S. 121 läuft man vom Parkplatz aus südlich vorbei an niedrigen Sandsteinbuckeln und später durch Felder etwa eine Viertelstunde bis zu den Ruinen von **Al-Beida** › S. 121. Die weitere Strecke verläuft über eine hügelige Hochebene bis zum Jebel Qattar, den man an seiner Westseite umrundet. Der Pfad ist schmal und führt teils unmittelbar an den steil aufragenden Flanken des Berges entlang bis zum Felsentempel ****Ad-Deir** › S. 120. Hier ist unbedingt Schwindelfreiheit vonnöten.

Nach einem frischen Minztee in der kleinen Höhlen-Teestube geht es über Steinstufen hinunter ins Stadtzentrum. Unten angelangt, kann man sich in einem der Restaurants für den Rückweg durch das **Wadi Mu'aysarah ash-Sharqiyah** stärken.

Der Weg ins Tal führt gleich hinter dem Museum den Hügel hinauf. Vorbei an Erdgräbern gelangt man ins Wadi, das mit seinen im Frühjahr leuchtend rosa blühenden Oleandersträuchern und den zahllosen kleinen in die Talwände gehauenen Gräbern eines der sehenswertesten Seitentäler von Petra ist.

Kurz vor Erreichen der Fahrstraße, auf der man schließlich den Rest des Weges zum **Siq al-Barid** – noch etwa 500 m – zurücklegt, empfiehlt sich ein Blick in die hallengroße **Zisterne** nördlich der Straße, die durch eine schmale Türöffnung zu betreten ist.

Zweitägige Wanderung: Jebel Haroun und Wadi Sabra

— ⑪ — **Antikes Stadtzentrum (Pharaonensäule)** › **Wadi Thugra** › **Snake Monument** › **Jebel Haroun** › **Wadi Sabra** › **Siq**

Länge: ca. 29 km; 2 Tage (mit Zeltübernachtung im Wadi Sabra)

Praktische Hinweise: Das zweitägige Trekking sollte man über eine spezialisierte Vor-Ort-Agentur › S. 25 organisieren lassen. Diese Agenturen stellen auch das Camping-Equipment und die Verpflegung, sodass man bis auf einen Schlafsack und die persönliche Ausrüstung (Wanderschuhe, Kopfbedeckung, Sonnenschutz, Wasserflaschen) nichts mitzubringen braucht.

Die erste Stunde der Wanderung verläuft auf flachem Terrain. Oberhalb des **Großen Tempels** › S. 119 steht die Pharaonensäule auf dem Katutah-Hügel. Von hier läuft man auf einem ausgetretenen Pfad nach Südwesten hinab ins **Wadi Thugra**. Dieses Tal, der einstige Hauptzugang nach Petra von Süden her, führt bis zu der kleinen Nekropole mit der »Snake Monument« genannten Felsskulptur. Hier leben nach wie vor Beduinen in den Gräbern.

Südlich des Snake Monument erstrecken sich Felder bis zum Fuß des **Jebel Haroun** › S. 121. Ein gut erkennbarer Pfad windet sich an seinen Flanken steil hinauf zum Aaronsgrab auf dem Gipfel (ca. 2 Std. Gehzeit). Wenig unterhalb des Gipfels gräbt ein finnisches Archäologenteam ein byzantinisches Kloster aus.

Nach der Mittagspause hat man weitere 4 bis 5 Std. Wegzeit vor sich. Zunächst geht es zurück zum Snake Monument. Hier zweigt der Weg ins **Wadi Sabra** ❯ S. 121 ab. Vom antiken Theater sind die in den Fels gehauenen Sitzreihen erhalten. Unterhalb erstreckt sich die antike Siedlung, von der etliche Haus- und Tempelruinen erkennbar sind. Nahebei sprudelt Ayn Sabra, die Sabra-Quelle, aus dem Boden. Im Tal stellt man sein Zelt für die Nacht auf.

Für die 10 km Weg am nächsten Tag braucht man etwa 4 Std. . Der Weg führt immer talaufwärts, bis das Wadi nur noch eine schmale Schlucht ist, aus der ein teils getreppter Weg an der westlichen (linken) Flanke hinausführt. Nun wandert man auf einem Höhenrücken in Richtung Hoher Opferplatz (❯ auch Karte S. 119). Man erreicht den Weg, der vom Äußeren Siq auf den Opferplatz hinaufführt, gleich oberhalb der Klamm und steigt – wenn man nicht noch einen Abstecher nach Westen (links) auf den Zib Atuf machen möchte – über die zahllosen Stufen hinab zum **Siq.**

Verkehrsmittel

Das beste Fortbewegungsmittel in Wadi Musa sind Taxis. Sie kosten innerhalb des Ortes, gleich wohin man fährt, 2 JD. Alternative: Die Minibusse, die den Ortskern mit

Zeitplanung in Petra

Mindestens zwei Tage sollte man einplanen, um die wichtigsten antiken Bauten zu sehen. Wer einige Tage mehr zur Verfügung hat, kann die Besichtigungen ausführlicher gestalten und Wanderungen in der landschaftlich schönen Umgebung unternehmen.

Am ersten Tag kann man den Siq ❯ S. 115, das Schatzhaus S. 116, das Theater ❯ S. 117 und das Gebiet um den Cardo Maximus ❯ S. 119 besuchen und zum krönenden Abschluss den Aufstieg zum Hohen Opferplatz ❯ S. 117 einplanen. Am Abend bleibt Zeit für die stimmungsvolle Show »Petra by Night« ❯ S. 116.

Am zweiten Tag bietet sich ein frühmorgendlicher Aufstieg (am besten bereits um 6 Uhr ab Visitor Centre) zum ad-Deir ❯ S. 120 an. Anschließend Besuch der byzantinischen Kirche ❯ S. 119 sowie der Königswand ❯ S. 117, danach weiter zum Grab des Sextius Florentinus ❯ S. 118. Wer es ein wenig abenteuerlich mag, wählt den Weg durch das sehr enge Wadi Muthlim zurück zum Visitor Centre (Kletterpartie; nicht bei Regen!). Am späteren Nachmittag kann man zum Siq al-Barid ❯ S. 121 fahren und auf dem Rückweg einen Stopp an der Straße oberhalb der Ruinen der Kreuzfahrerburg al-Wu'ayra einlegen, um den Sonnenuntergang zu genießen.

Umm Sayhoun, Taybeh und Beidha/Little Petra verbinden. Wadi Musa ist von Amman und Aqabah mit öffentlichen Verkehrsmitteln gut erreichbar. Vom Haupteingang bis zum Beginn des 1200 m langen Inneren Siq sind etwa 800 m zurückzulegen; dies ist zu Fuß, zu Pferd bzw. Esel oder mit einer Kutsche möglich.

Wichtige Adressen

Startpunkt jeder Erkundungstour ist das **Visitor Centre,** in dem man die Tickets kauft und einen Führer anheuern kann (in Wadi Musa, gegenüber Mövenpick-Hotel, Tel. 03/215 60 20, www.visitpetra.jo; tgl. 6–18, im Winter bis 16 Uhr, Schalterschluss 1 Std. davor; Tickets zu 50/55/60 JD für

Zwischen den hoch aufragenden Felsen des Siq

1/2/3 Tage. Der Haupteingang zur antiken Stadt liegt einige Meter südwestlich des Visitor Centre.

Unterwegs in Petra

Die antike Stadt ❶

Wenige Hundert Meter nach dem Visitor Centre tauchen am rechten Wegrand die ersten Denkmäler auf – drei Djin-(Geister-) Blöcke, die lange für Wasserspeicher gehalten wurden, jedoch wahrscheinlich einen sehr frühen Grabtypus darstellen. Gegenüber sieht man das von vier pyramidalen Pfeilern bekrönte Obelisken-

grab über dem Bab-As-Siq-Triklinium, einem nabatäischen Gebäude, das wohl als Versammlungs- und Gedenkraum diente.

Der **Innere Siq

Nach den Djin-Blöcken verengt sich der abschüssige Weg zum Siq, jener schmalen, legendären Schlucht, die seit alters her den repräsentativsten Zugang zur Metropole der Nabatäer bildet.

Am Eingang des Siq befand sich schon vor 2000 Jahren ein

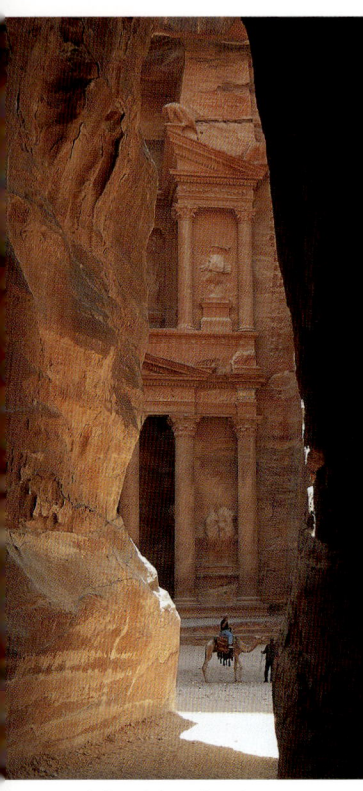

Blick auf das Schatzhaus
des Pharaos

Schatzhaus (Khazne Faraun) Ⓐ

Kurz vor seinem Ende verengt sich der Siq ein letztes Mal. Dann tritt man aus der dämmrigen Schlucht auf einen etwa 250 m langen und 70 m breiten, von Felswänden umschlossenen Platz und hat Khazne Faraun vor sich, das Schatzhaus des Pharaos. Fast 40 m hoch ist die mächtige, in den Fels gemeißelte Fassade des Grabes von der Säulenbasis bis zur bekrönenden Urne. Sie ist mit Götter-, Tier- und mythologischen Figuren geschmückt.

Straße der Fassaden Ⓑ

Hinter dem Khazne Faraun verbreitert sich das Tal zum **Äußeren Siq.** Dieser lenkt den Besucher

Damm, der die Hauptstadt vor winterlichen Flutwellen schützte. 1968 errichtete man nach einer verheerenden Sturzflut erneut ein Wehr. Seither leitet der von den Nabatäern gegrabene Tunnel im Notfall die Wassermassen in ein Seitental ab.

Bis zu 70 m hoch ragen die Wände zu beiden Seiten des Weges fast lotrecht empor. Man läuft streckenweise über das antike Pflaster, mit dem damals der gesamte Siq gepflastert war.

Petra by Night

Romantischen Zauber entfaltet die Veranstaltung Petra by Night. Aberhunderte Kerzen illuminieren den Siq, durch den die Besucher unter dem Sternenhimmel bis zum Schatzhaus spazieren. Dort bekommen sie im flackernden Licht Tee kredenzt und werden von musizierenden Beduinen und einem Märchenerzähler verzaubert, ehe jeder für sich den Weg zurück antritt. Um trotz der bis zu 200 Besucher die Stille genießen zu können, empfiehlt es sich, ganz am Ende der Menge zu laufen. Die Märchen beginnen erst, wenn auch der letzte Besucher vor dem Schatzhaus angekommen ist (Mo, Mi, Do 20.30 Uhr, 12 JD, Tickets und Start im Visitor Centre, Tel. 03/215 60 20).

zunächst an der Straße der Fassaden vorbei. Schlichte, strenge Formen wechseln mit üppig barocken Elementen ab. Halbverschüttete Portale bezeugen, dass das Wegniveau zur Blütezeit vor 2000 Jahren deutlich tiefer lag.

Hoher Opferplatz

Kurz vor den ersten Fassaden führt ein schmaler, getreppter Pfad auf den al-Madhbah (»Altar«) genannten Hohen Opferplatz hinauf. Den antiken Eingang zum Heiligen Bezirk markieren zwei **Obelisken** (Zib Atuf) **Ⓒ**, die aus dem anstehenden Fels herausgehauen (also nicht aufgestellt!) wurden. Verlässt man etwa auf halber Höhe die Treppe und läuft nach rechts über einen sandigen Pfad, gelangt man zu einem <mark>wunderbaren Aussichtspunkt</mark> – ganz Petra liegt einem zu Füßen. Auf dem künstlich abgeflachten Gipfelplateau liegt der **Hohe Opferplatz** **Ⓓ** mit umlaufendem Triklinium und Altären. Der Rückweg ins Stadtzentrum führt nochmals an den Obelisken vorbei, dann jedoch nach rechts abknickend ins ****Wadi Farasa**. Hier folgen auf den **Löwenbrunnen** **Ⓔ** der **Gartentempel** **Ⓕ** und das **Soldatengrab** **Ⓖ** mit dem Bunten Saal. Wenig westlich des Theaters erreicht man das Stadtzentrum.

Theater **Ⓗ**

Gleich hinter der Abzweigung zum Opferplatz, auf der linken Seite, liegt im Äußeren Siq das Theater. Zwischen 7000 und 8500 Menschen fanden auf den vierzig in den Fels geschlagenen Rängen Platz, die um die nach römischer Tradition halbkreisförmige Orchestra angelegt wurden. Schon die Nabatäer hatten hier ein Theater gebaut; die Römer erweiterten die Anlage. In byzantinischer Zeit könnte es als städtisches Wasserreservoir gedient haben.

*Königswand

Schräg gegenüber dem Theater führt eine Treppe hinauf zu Petras imposantesten Fassadengräbern an der Königswand. In den zwölf Mausoleen wurden vermutlich nabatäische Könige beigesetzt.

Den nachhaltigsten Eindruck hinterlässt wahrscheinlich das **Urnengrab** **Ⓘ** mit seinen riesigen Eckpfeilern und Halbsäulen sowie

Römisches Theater

Mausoleen im Fels –
die Königswand

einer mehrstöckigen, von einem mächtigen Giebel bekrönten Fassade. Es wird oft fälschlicherweise als Gerichtsgebäude bezeichnet. Manche Forscher sehen darin das Grab des Königs Malichus II. Fest steht, dass der Bau 446 zur Kathedrale von Petra geweiht und seine Grabnischen an der Rückwand des Felssaales zu Apsiden ausgewölbt wurden.

Vorbei am **Seidengrab J**, so genannt nach der bunten Maserung seiner Steinfassade, führt der Weg zum **Korinthischen Grab K**. Nördlich davon liegt in unmittelbarer Nachbarschaft das dreistöckige imposante **Palastgrab L** und, gut 300 m entfernt, das **Mausoleum des Sextius Florentinus M** – der Statthalter, der unter Kaiser Hadrian die Provincia Arabia verwaltete.

»Sheikh Ibrahim« Burckhardt

Im Sommer 1812 befand sich der Schweizer Johann Ludwig Burckhardt auf dem beschwerlichen Weg durch die Levante nach Kairo. Der 25-Jährige sollte für eine britische Forschungsgesellschaft von Ägypten aus das Innere Afrikas erkunden. Als er durchs Ostjordanland ritt, berichteten ihm Beduinen von einer Ruinenstätte, die im Wüstengebirge verborgen liegen sollte.

Burckhardts Neugier war entfacht, doch die Führer argwöhnten, der Fremde würde sich an den Schätzen vergreifen. Nur durch eine List gelang es ihm, sich Zutritt zu verschaffen: Er gab sich als muslimischer Pilger aus und behauptete, das Grab Aarons, das er in dieser Gegend vermutete, besuchen zu wollen.

So wanderte Burckhardt am 22. August 1812 als erster Europäer nach über 600 Jahren durch den Siq und bis an den Fuß des Jebel Haroun. Trotz höchster Zeitnot – der Anblick des Weltwunders war ihm nur einen Tag lang vergönnt – fertigte er etliche Planskizzen des Geländes und der Fassade des »Pharao-Schatzhauses« an. Seine Tagebücher, in denen er ganz zutreffend notiert hatte, es sei »sehr wahrscheinlich, dass die Ruinen im Wadi Musa jene des alten Petra sind«, wurden erst 1822 veröffentlicht – fünf Jahre, nachdem Burckhardt in Kairo an der Ruhr gestorben war.

Cardo Maximus

Steigt man wieder hinab zum Äußeren Siq und folgt dem Wadi Musa in Richtung Westen, gelangt man am **Nymphäum** , dem öffentlichen Brunnen, vorbei zur römischen Kolonnadenstraße, dem **Cardo Maximus** . Dieser wurde mindestens bis ins 6. Jh. genutzt. Rechts und links lassen sich Ruinen und Fundamente von Häusern, Palästen, Tempeln, Läden und Markthallen erkunden. Das Areal zur Linken wurde als Forum (Marktplatz) identifiziert.

Weiter westlich erheben sich die kolossalen Reste des im späten 1. Jh. v.Chr. erbauten **Großen Tempels** , dahinter die der ehemaligen Bäder.

Jenseits des Cardo haben Archäologen eine große **byzantinische Kirche**  mit dreifacher Apsis und gut erhaltenen Mosaiken freigelegt. Nur ein paar Schritte westlich liegen Überreste eines Heiligtums, das aufgrund figürlich gestalteter Kapitelle die Bezeichnung **Tempel der geflügelten Löwen** trägt.

Temenos

Das dreiteilige, in Fragmenten erhaltene **Temenos-Tor** , das die

Petra – Antike Stadt

N

0   500 m

Ⓐ Khazne Faraun	Ⓘ Urnengrab	Ⓟ Großer Tempel
Ⓑ Straße der Fassaden	Ⓙ Seidengrab	Ⓠ Byzantinische Kirche
Ⓒ Obelisken	Ⓚ Korinthisches Grab	Ⓡ Temenos-Tor
Ⓓ Hoher Opferplatz	Ⓛ Palastgrab	Ⓢ Qasr al-Bint Faraun
Ⓔ Löwenbrunnen	Ⓜ Mausoleum des Sextius	Ⓣ Archäologisches
Ⓕ Gartentempel	Florentinus	Museum
Ⓖ Soldatengrab	Ⓝ Nymphäum	Ⓤ Kolumbarium
Ⓗ Theater	Ⓞ Cardo Maximus	

Säulenstraße in ihrer ganzen Breite abschloss, markiert die Grenze zwischen profanem und sakralem Bereich. 114 n.Chr. zu Ehren Kaiser Trajans errichtet, diente es zugleich als Triumphbogen und als Eingangstor in den Temenos, den länglichen Tempelbezirk. An dessen Ende steht der Haupttempel der Stadt, den die Beduinen **Qasr al-Bint Faraun** Ⓢ, Palast der Tochter des Pharaos, nennen. Petras einziges völlig frei stehendes Bauwerk war dem Gott Dushara, dem »Herrn der Berge«, geweiht.

Al-Habis

Auf dem kleinen Berg westlich des Tempels, dem Al-Habis, finden sich ein weiterer Opferplatz und auf einem Nachbargipfel die Ruine einer von den Kreuzrittern erbauten Burg. Auf dem Weg dorthin liegt das **Archäologische Museum** Ⓣ. Es ist in einer farbenprächtig gemaserten Felshöhle untergebracht und birgt neben diversen Kleinfunden nabatäische Keramik sowie Reliefs und Skulpturen in hellenistisch-römischem Stil. An der Ostflanke des al-Habis verdienen noch ein unvollendetes Grab sowie das sog. **Kolumbarium** Ⓤ Beachtung, ein nachträglich für Urnen in mehrere Hundert kleine Nischen gegliedertes ehemaliges Nabatäergrab.

Rund um die antike Stadt

Für die weitere Umgebung Petras kann man getrost zwei Wochen einplanen und wird doch nicht alle Naturschönheiten und Ruinen erkundet haben. Mehrtägige Wanderungen lassen sich über Veranstalter organisieren ❯ S. 25.

Ad-Deir ❷

Auf einer ca. 45-minütigen Wanderung gelangt man zum Felsentempel Ad-Deir (»Kloster«). Der einstige Prozessionsweg kreuzt auf einem Brückchen das Bett des Wadi Musa, führt über etliche Treppen zum sog. Löwengrab, das tatsächlich ein Gedenk- und Versammlungssaal ist, dessen Ein-

Petras Beduinen

Bis Mitte der 1980er-Jahre gehörten die zu Häusern umfunktionierten Grabhöhlen und die schwarzen Ziegenhaar-Zelte der Bdul-Beduinen zum festen Bestandteil des antiken Weltwunders. 1985 siedelte die Regierung fast alle im Stadtgebiet von Petra ansässigen Beduinen in eine Siedlung aus Betonhäusern mit fließend Wasser und Elektrizität um. Damit gingen die traditionellen Lebensformen verloren, das ungemein enge Sozialgefüge zerbrach weitgehend.

Buch-Tipp Marguerite van Geldermalsen: **Im Herzen Beduinin** (Blanvalet, 2008). Eine Neuseeländerin heiratet einen Beduinen aus Petra und lebt bis zu seinem Tod mit ihm erst in den Gräbern Petras, später in der Bdul-Siedlung. Ehrliche, berührende Schilderung insbesondere der Lebensumstände der Bdul.

gangsportal die Reliefs zweier Löwen zieren, und endet jenseits eines Passes auf einem Plateau. Es wird beherrscht von der monumentalen Fassade des Ad-Deir. Vermutlich ein Heiligtum, ist es ähnlich gegliedert wie das Khazne Faraun, jedoch mit einer Breite von 50 und einer Höhe von 45 m noch größer als das Schatzhaus des Pharao. Die Urne über dem Kapitell misst gigantische 9 m!

Jebel Haroun **3**

Haroun, der biblische Aaron, Bruder von Moses, liegt nach Auffassung der Muslime auf dem Jebel Haroun begraben. Der kleine weiße Schrein auf dem Gipfel wurde wohl im 14. Jh. errichtet, doch bereits Jahrhunderte zuvor befand sich ein byzantinisches Kloster gleich unterhalb des Gipfels.

Sabra **4**

In den Tälern um Petra lag in nabatäischer Zeit eine Reihe kleinerer Siedlungen, die offenbar als Karawanenrastplätze und Umladestationen dienten. Hierzu gehört Sabra im gleichnamigen Wadi mit einem Theater und Resten von Tempeln und Häusern. Die Wege dorthin beginnen entweder am Hohen Opferplatz oder am Snake Monument. Für die ca. fünfstündige Tour ist ein Guide empfehlenswert.

Al-Beida **5**

Die neolithischen Ruinen von Al-Beida gehören zusammen mit jenen Jerichos und den erst kürzlich ausgegrabenen von Dhra' am To-

Der Felsentempel ad-Deir

ten Meer zu den ältesten bekannten Siedlungen im Nahen Osten. Zu erkennen sind einige der insgesamt etwa 65 runden (später eckigen) Bauten.

Siq al-Barid **6**

Der Siq al-Barid (kalter Canyon) wird oft als »Little Petra« bezeichnet. Wie Sabra handelt es sich wohl um eine Art Karawanenvorort. In der Umgegend finden sich großvolumige Zisternen, die die Wasserversorgung auch großer Karawanen sicherstellten. Durch einen kurzen, etwa 400 Meter langen Siq betritt man ein lang gestrecktes Tal, in dessen Steinflanken ein Tempel und mehrere Triklinien geschlagen wurden.

Wadi Musa **7** – die moderne Stadt

Oberhalb der antiken Stadt an der Mosesquelle siedelten seit jeher Bauern. Aus dem unbedeutenden Örtchen entwickelte sich mit dem einsetzenden Tourismus eine lebhafte kleine Stadt. Die meisten Menschen leben von der Versorgung der im Schnitt mehr als 1000 täglichen Besucher Petras. Wadi Musa ist auch die Bezeichnung für das Gebiet um Petra.

Hotels

Die hochpreisigen Hotels sind direkt am Visitor Centre oder an den Abhängen oberhalb von Wadi Musa zu finden. Die Mittelklassehotels liegen meist im Zentrum.

■ Taybet Zaman

an der Straße von Wadi Musa nach Süden][Tel. 03/215 01 11
www.taybetzaman.jordantourism resorts.com

 Echt gut!

Im alten Dorf Taybeh wurden die aus osmanischer Zeit stammenden Bauten renoviert. In den Häusern sind nun 95 im traditionellen Stil gehaltene, luxuriöse Zimmer zu finden. ●●●

■ Mövenpick

direkt oberhalb des Visitor Centre
Tel. 03/215 71 11
www.moevenpick-petra.com
Von außen recht kühl wirkend, entfaltet das Mövenpick die ganze Pracht eines alten damaszener Hauses – inklusive eines Atriums mit mosaikengeschmücktem Springbrunnen und Palmen. Zum Sonnenuntergang sollte man auf der Dachterrasse stehen und den einmaligen Blick über die orangerot erglühenden Sandsteinmassive Petras genießen. ●●●

■ Ammarin Beduin Camp

an der Zufahrtsstraße zum Siq al-Barid ausgeschildert, ca. 1 km von der Straße entfernt
Tel. 079/975 55 51
www.bedouincamp.net
Von den Ammarin, einem bei Petra lebenden Beduinenstamm, geführtes Camp mit schwarzen Ziegenhaarzelten, **Echt gut** in denen richtige Betten angenehme Nachtruhe versprechen. Die Sanitäranlagen mit WC und warmen Duschen liegen nahe dem zentralen Zelt, in dem auch Tee und die Mahlzeiten serviert werden. ●●

Restaurants

Neben den Hotelrestaurants gibt es in Wadi Musa eine Reihe einfacher Lokale, in denen man *mezze* und Grillgerichte zu ziemlich hohen Preisen findet. Die meisten Gäste essen in ihren Hotels.

■ Petra Kitchen

Wadi Musa, etwas oberhalb vom Mövenpick Hotel
Tel. 03/215 59 00
www.petrakitchen.com
Sommer 19.30 Uhr, Winter 18.30 Uhr
Ein originelles kulinarisches Erlebnis:
Kleine Gruppen bereiten gemeinsam mit Küchenprofis lokale Spezialitäten zu, **Echt gu** die anschließend gemeinsam verzehrt werden. Unbedingt reservieren! ●●●

■ Cave Bar

hinter dem Visitor Centre, nahe dem Petra Guesthouse
Originelle Bar in einem 2000 Jahre alten Nabatäergrab. **Echt gu** Auf Vorbestellung können Sie hier ein nabatäisches Menü probieren. ●●

Spektakuläres Wadi Rum

Rotes Meer und Wadi Rum

Nicht verpassen!

- Ein Bummel über den Suq in Aqabah, morgens wenn die Beduinen einkaufen
- Eine Glasbodenbootfahrt über den Korallenriffen im Golf von Aqabah
- Ein Kamelritt durch den Siq al-Barrah im Wadi Rum
- Eine Nacht im Schlafsack in der Wüste unter dem unendlichen Sternenhimmel

Zur Orientierung

Seiner strategisch wichtigen Lage am Nordrand des Roten Meeres verdankt **Aqabah** eine wechselvolle Geschichte sowie seine Bedeutung als Handelsstadt und Durchgangsort für Mekkapilger. Noch Mitte der 1990er-Jahre war Jordaniens einzige Hafenstadt nur für die Verschiffung der Industrieprodukte des Landes interessant. Erst im Jahr 2000 setzte mit der Einrichtung der »Aqaba Special Economic Zone« (ASEZ) ein bis heute ungebremster Boom ein, der Aqabah jäh aus seiner dörflich-konservativen Ruhe herausriss und der Stadt schicke Einkaufszentren und Promenaden bescherte. Die Bucht von Aqabah,

in der auf engstem Raum vier Staaten – Saudi-Arabien, Ägypten, Israel, Jordanien – aneinandergrenzen, erfreut sich eines gesegneten Klimas. Zudem zählt der Golf von Aqabah mit seinen Korallenriffen zu den schönsten Tauchgebieten der Welt.

Nur 50 km östlich des blau glitzernden Meeres erstreckt sich in der Hismah-Wüste eine der faszinierendsten Wüstenlandschaften der Welt – das **Wadi Rum**. Die Erosion hat eine surreal wirkende, von wild zerklüfteten Granit- und Sandsteingipfeln eingefasste Zauberlandschaft geschaffen, die von Weiß über Gelb und Orange bis Rostrot schillert. Die Wüste, der Himmel und vor allem die Stille scheinen unendlich.

Auch nördlich des Wadi Rum setzen sich die Sandsteinmassive weiter fort, gehen jedoch bald in sandige Ebenen mit nur vereinzelten Erhebungen aus hellerem Sandstein über. Wer über den zur Autobahn ausgebauten Desert Highway gen Norden fährt, erreicht bei Ras an-Naqab den Gebirgsabbruch. So pittoresk und wasserreich das Wadi Rum sein mag – spätestens an dieser Stelle wird einem klar, dass das Leben der Menschen in dieser Gegend stets von Entbehrungen geprägt war. Ein »Tod im Leben«, wie es T. E. Lawrence in seinem Buch »Die Sieben Säulen der Weisheit« so treffend bemerkte.

Ausblicke im Wadi Rum

Touren in der Region

Zweitägige Geländewagentour zum Jebel Umm ad-Dami

⟨12⟩ **Rum Village** ❯ **Ayn ash-Shallalah** ❯ **Jebel Umm Ishrin** ❯ **Rote Dünen** ❯ **Siq al-Barrah** ❯ **Wadi al-Beida** ❯ **Al-Ksayr** ❯ **Khorr al-Adjram** ❯ **Jebel Burdah** ❯ **Jebel Umm Fruth** ❯ **Wadi Sa'bat** ❯ **Jebel Umm ad-Dami** ❯ **Jebel Qattar** ❯ **Siq al-Khazzali** ❯ **Jebel Umm Ulaydiyah** ❯ **Rum Village**

Länge: ca. 80 km/2 Tage
Praktische Hinweise: Einen ortskundigen Fahrer, der die Strecke kennt, findet man über das Visitor Centre ❯ S. 136. Ziel und Route vor der Buchung klar absprechen. Ein Geländewagen kostet inkl. Benzin und Fahrer 80 JD am Tag. Die Lebensmittel kauft man sinnvollerweise gemeinsam mit dem Fahrer ein. Zur Ausrüstung gehören ein Ersatzreifen und Wasservorräte (pro Tag/Person ca. 10 l). Die Fahrer haben einfache Campingausrüstung dabei. Einen Schlafsack sollte man selbst mitbringen (kalte Nächte!). Die Besteigung des Umm ad-Dami ist selbst für Ungeübte leicht zu bewältigen. Die Strecke durchs Wadi Rum folgt v.a. im ersten Teil der Kameltour ❯ S. 126 (❯ auch Karte S. 134).

Die Tour beginnt am Visitor Centre im **Rum Village** ❯ S. 136. Von dort geht es nach Süden und erst einmal aus dem Wadi Rum hinaus. Wer mag, legt eine kurze Pause an der **Ayn ash-Shallalah** (Lawrence-Quelle) ein.

Die Strecke folgt nun im ersten Teil der Kameltrekking-Tour 13 ❯ S. 126.

Vom al-Ksayr jedoch biegt man im Tal **Khorr al-Adjram** gen Südosten ab und gelangt so zum **Jebel Burdah.** An der Westflanke des Berges liegen einige schöne (wilde) Campingplätze, von denen man in den Abendstunden einen

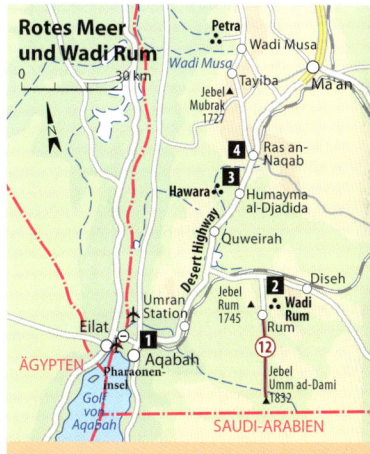

⟨12⟩
Zweitägige Geländewagentour zum Jebel ad-Dami Rum Village ❯ **Ayn ash-Shallalah** ❯ **Jebel Umm Ishrin** ❯ **Rote Dünen** ❯ **Siq al-Barrah** ❯ **Wadi al-Beida** ❯ **Al-Ksayr** ❯ **Khorr al-Adjram** ❯ **Jebel Burdah** ❯ **Jebel Umm Fruth** ❯ **Wadi Sa'bat** ❯ **Jebel Umm ad-Dami** ❯ **Jebel Qattar** ❯ **Siq al-Khazzali** ❯ **Jebel Umm Ulaydiyah** ❯ **Rum Village**

wunderbaren Blick in die sandigen Täler hat.

Am kommenden Morgen hat man bei einem einigermaßen frühen Aufbruch die Brücke am **Jebel Umm Fruth** › S. 133 ganz für sich. Durch eine in Beige- und Sandtönen gehaltene Landschaft mit niedriger werdenden Massiven kommt man, nach Süden fahrend, ins **Wadi Sa'bat** und damit zum Fuß des **Umm ad-Dami** – mit 1832 m Jordaniens höchster Berg. In etwa einer Stunde gelangt man auf den Gipfel. Wieder unten angelangt, ist es Zeit für eine Mittagspause am Fuß des Berges.

Auf dem Rückweg empfehlen sich ein Abstecher zur in einer Höhle gelegenen Quelle am **Jebel Qattar** und die Besichtigung der Gravuren im **Siq al-Khazzali** › S. 134. Nach einem Stopp am Sunset Point an der Südspitze des **Jebel Umm Ulaydiyah** › S. 134 gelangt man zurück ins Rum Village bzw. zum Visitor Centre.

Dreitägiges Trekking mit Reitkamelen im Wadi Rum

⑬ Rum Village › Wadi Umm Ishrin › Rote Dünen › Siq al-Barrah › Wadi al-Beida › Al-Ksayr › Jebel Qabr Amra › Jebel Umm Fruth › Jebel Khazzali › Ayn ash-Shallalah › Rum Village
Karte › S. 134

Länge: 3 Tage, je 15–20 km
Praktische Hinweise: Dieses Kameltrekking sollte man unbedingt in Deutschland (› S. 25) vorbuchen. Zum eigenen Reitkamel kommen ein ebenfalls reitender Guide und ein Gepäckkamel pro zwei Personen hinzu, alternativ ein Geländewagen, der Gepäck und Wasser transportiert. Vor Ort kostet ein Kamel (egal, ob Reit- oder Lastkamel) pro Tag ca. 30 JD, der Gepäckwagen ca. 80 JD für den ganzen Tag. Reiterfahrung ist nicht erforderlich, allerdings sind Erfahrung mit Tieren im Allgemeinen und Sympathie für Kamele im Besonderen von Vorteil. Der Guide schätzt Kondition und Reitvermögen seiner Gäste sicher ein und variiert die Route entsprechend. Der Tagesablauf sieht etwa 6 Stunden im Sattel vor und sieht typischerweise so aus: morgens 8–10 Uhr reiten, 30-minütige Teepause, 10.30–13 Uhr reiten, zwei Stunden Mittagspause, 15–17 Uhr reiten. Übernachtet wird im Zelt; Wasser wird ausschließlich zum Trinken und Kochen verwendet. Die Mahlzeiten (inklusive) werden im Camp zubereitet. Müll muss gesammelt und wieder mit ins Rum Village genommen werden. Toilettenpapier bitte verbrennen, da es kaum verrottet.

Frühmorgens bricht man mit den Kamelen auf. Die Strecke führt zunächst vom Visitor Centre durch den Korridor zwischen den Massiven des Jebel Rum und des

Jebel Umm Ajil nach Süden. Um die Südspitze des Umm Ajil herum geht es wieder nach Norden in das **Wadi Umm Ishrin.** Rechter Hand liegen am Fuß des Jebel Umm Ulaydiyah tiefrote **Dünen** > S. 134, die man besteigen kann.

Eine Pause in der heißen Mittagszeit bietet sich in einem Talkessel am **Jebel Umm Ishrin** mit weit oben im Bergmassiv verborgener Zisterne und etlichen Felsgravuren an. Danach überquert man den breiten Talgrund des Wadi Umm Ishrin gen Nordosten und biegt schließlich von Nordwesten kommend in den **Siq al-Barrah** > S. 134 ein. Der gewundene Siq schlängelt sich zwischen dem Jebel Barrah und dem Jebel Abu Djudaydah hindurch. In einem schattigen Talkessel mit hohen Dünen kann man wind- und wettergeschützt nächtigen.

Am Morgen des zweiten Tages durchquert man den Südteil des Siq al-Barrah und gelangt in das **Wadi al-Beida,** das »Weiße Tal«. Verborgen unter einem Felsdach liegt **al-Ksayr** > S. 133, das Lawrence-Haus, am südöstlichen Fuß des Jebel Umm Kharag. Es blickt gen Süden hinunter auf den Khorr al-Adjram, ein breites, von Nordwesten nach Südosten verlaufendes Tal, das gleichzeitig ein Hauptverkehrsweg ist.

Man durchquert das Tal und gelangt an seiner Südseite zum **Jebel Qabr Amra,** an dessen Ostflanke sich eine kleine natürliche Brücke gebildet hat. Der Fels ist griffig, und so kann man die Brücke auch erklimmen und auf recht

schmalem Grat überqueren. Nur kundigere Reiter und Reiterinnen schaffen es an diesem Tag bis zum **Jebel Umm Fruth** > S. 133 weit im Süden. Die anderen bleiben in den stillen Tälern östlich des Jebel Qabr Amra und schlagen hier ihre Zelte auf.

Am dritten Tag reitet man südlich um den ***Jebel Khazzali** > S. 134 herum. Wer mag, erkundet den Siq, der an der Nordspitze des Khazzali tief in den Berg hineinführt und an dessen Wänden sich viele Gravuren erhalten haben. Nochmals gilt es, den Khorr al-Adjram zu queren, um – nun wieder an der Ostflanke des Jebel Rum angelangt – zur **Lawrence-Quelle** > S. 133 (Ayn ash-Shallalah) hinaufzuklettern, bevor man zurück ins Rum Village reitet. Falls man zum Abschluss in die Familie des Guides eingeladen wird, sollte man etwas Obst oder ein paar Süßigkeiten für die Kinder mitbringen.

Verkehrsmittel

■ Aqabah ist mit Amman per Autobahn, Fernbussen und Inlandsflügen verbunden > S. 19.
■ Per Auto, per Taxi (ab Aqabah ca. 20–30 JD, ab Wadi Musa ca. 40–60 JD, ab Amman ca. 80–100 JD) oder mit Minibussen gelangt man von Aqabah oder Petra ins Wadi Rum.
■ Im Wadi Rum ist das Fahren mit einem eigenen Geländefahrzeug für Besucher aus Naturschutzgründen prinzipiell nicht gestattet.

Unterwegs am Roten Meer

 11 ****Aqabah** ❶

Jordaniens einzige Stadt am Meer zählt etwa 120 000 Einwohner, mit deutlich steigender Tendenz. Diesen Boom verdankt sie ihrer Bedeutung als Hafen – Phosphat aus der Wüste, Pottasche vom Toten Meer und Düngemittel aus Aqabah werden in alle Welt verschifft – und Freihandelszone sowie ihren Tauchgründen. Hypermoderne Shopping-Malls und Luxushotels entstanden. Und man will noch mehr: Gigantische Resorts mit Namen wie Aqabah Lagoon und Tala Bay, Jachthäfen, Golfplätze, Aqua-Parks etc. sind für die nächsten Jahre geplant bzw. schon fertiggestellt.

Fort und Aqabah Museum

Einen Vormittag sollte man sich für einen Bummel entlang der Corniche reservieren. Hier liegen Fort und Aqabah Museum. Erbaut von den Mamelucken im frühen 16. Jh. und erweitert unter den Osmanen, diente das **Fort** zumeist als Karawanserei und zur Beherbergung der Mekkapilger. Im Ersten Weltkrieg wurde es von den Briten von See her zerschossen und – man erinnere sich an den Schlachtruf »Nach Aqabah!« aus dem Film »Lawrence von Arabien« – schließlich von der haschemitischen Freischärlerarmee eingenommen.

Im benachbarten **Museum** werden u.a. Funde aus den Ausgrabungen von Ayla, der mittelalterlichen Hafenstadt, gezeigt. (Fort und Museum Sa–Do 8 bis 18, Fr und im Winter nur bis 16 Uhr, 1 JD für beide.)

Die unspektakulären **Ausgrabungen** selbst liegen südlich und nördlich des Mövenpick-Hotels. Es wurden die Grundmauern einer Kirche entdeckt, die, aus dem späten 3. Jh. stammend, als ältester Kirchenbau weltweit angesehen werden (bei Tageslicht zugänglich, Eintritt frei).

Aqabah Gateway

Der Einkaufs- und Entertainmentkomplex liegt nahe dem großen Kreisverkehr im Norden der Corniche. In einer künstlichen Lagune liegt eine nachgebaute Dhau (traditionelles Schiff), zahlreiche Läden laden zum Bummel ein, und man kann sich in der multimedialen Show The Jordan Experience auf eine virtuelle Reise zu den schönsten Plätzen des Landes begeben.

Strände

Die meisten Europäer nutzen die hoteleigenen Strände. Der öffentliche Strand der Stadt erstreckt sich zwischen dem Jachthafen und dem Mövenpick Hotel.

❗ Hier sollten Frauen nicht alleine baden. Bikinis sind unpassend, Badeanzüge die bessere Op-

tion. Nach dem Baden im Meer
sollte man sich sofort wieder etwas anziehen. Jordanische Frauen
gehen voll bekleidet ins Wasser.

Info

Aqaba Tourist Information Centre
al-Hammamat/al-Tunisyya St.
(im Stadtzentrum)
Tel. 03/203 53 60][**www.aqaba.jo**
April–Sept. tgl. 8–20, Okt.–März
8–18 Uhr.

Hotels

■ **Mövenpick Resort &
Residence Aqaba**
King Hussein St.][**Tel. 03/203 40 20**
www.moevenpick-aqaba.com
Großes Luxushotel mit fast 300
Zimmer, Superior-Zimmer und Suiten
mit Meerblick. Sauna, Fitnessraum
und vier große Pools gehören zum
Angebot. ●●●

■ **InterContinental Hotel**
King Hussein St.][**Tel. 03/209 22 22**
www.ichotelsgroup.com
Inmitten eines wundervoll angelegten
Gartens mit Pools unter schattigen Palmen gelegen, bietet das Intercontinental ein schönes Spa und einen 300 m
langen Strand. ●●●

■ **Golden Tulip**
Al Saada St.][**Tel. 03/205 12 34**
www.goldentulipaqaba.com
Tadelloses Vier-Sterne-Haus fünf Minuten vom Strand, mit Pool und Well-
ness-Bereich. ●●

■ **Captain's Hotel**
An-Nahda-St.][**Tel. 03/206 07 10**
www.captains-jo.com
Ein gelungener Mix aus arabischer Einrichtung und modern-europäischen Bädern. Exzellentes Fischrestaurant (●●)
im Erdgeschoss. ●

Am Bootshafen von Aqabah

Restaurant

Royal Yacht Club Restaurant
Royal Yacht Club][**Tel. 03/202 24 64**
www.romero-jordan.com
Elegantes, mehrfach preisgekröntes
Restaurant mit Blick auf den Jacht-
hafen und vornehmlich italienischer
Küche. ●●●

Shopping

Suq
zwischen Zahran und Raghadan St.
Im Suq kann man gut Kaffee, Tee und
Gewürze erstehen. Besonders stimmungsvoll ist es hier am Morgen,
wenn die Beduinen aus der Umgebung
einkaufen. Rund um den Suq finden
sich viele kleine Restaurants (●).

Special

Tauchen in Aqabah

Mare Rostrum – Rotes Meer

Umgeben von Wüsten, nur durch das »Tor der Tränen« weit im Süden mit dem Indischen Ozean verbunden, und nicht von Süßwasserflüssen gespeist, ist das Rote Meer schon von seiner geografischen Lage her einzigartig. Der hohe Salzgehalt des Wassers und die hohe Wassertemperatur – im Durchschnitt 22,5 Grad im Winter und 26 Grad im Sommer – bieten ideale Bedingungen für etwa 110 Arten von Hartkorallen, 120 Arten von Weichkorallen und über 1000 Fischarten.

Jordanien verfügt nur über einen winzigen Küstenstreifen von 27 km Länge, eingekeilt zwischen Israel und Saudi-Arabien. Doch sind die geschützten Riffe im Aqabah Marine Park zwischen Marine Science Station und Royal Diving Club in vergleichsweise gutem Zustand. Gute Infoadressen sind:

Gefahren unter Wasser

So schön die Unterwasserwelt auch ist, sollte man doch einige Vorsichtsmaßnahmen beachten. Gegen die schlecht zu entfernenden Stachel der Seeigel und die der äußerst giftigen, oft halb im Sand verborgenen Steinfische helfen Badeschuhe. Vor den auf der Haut brennenden Quallennesseln kann man sich kaum schützen. Essig hilft, das Gift zu neutralisieren, auch Urin kann als erste Hilfsmaßnahme den Schmerz lindern. Verletzungen durch Korallen heilen schlecht, wenn die Wunde nicht professionell gesäubert wird. Haifischangriffe sind dagegen äußerst selten.

■ **Aqabah Marine Park
Visitor Centre**
12 km südlich der Stadt
Tel. 03/203 58 01
www.aqabamarinepark.jo
Mit Steg zum Schutz der strandnahen
Korallen, Museum, Café, Souvenirladen
und Aquarien (8–17 Uhr).
■ **H2O-Magazine**
www.h2o-mag.com
Website der Red Sea Association for
Diving and Watersports.
■ **Reef Check**
www.reefcheck.org
Beschäftigt sich mit dem Erhalt von
Korallenriffen v.a. im Roten Meer.

Schnorcheln und Tauchen

Da die Korallenriffe direkt unter
der Wasseroberfläche und nahe
der Küste zu finden sind, muss
man nicht tauchen können, um
die Geheimnisse des Roten Meeres zu erkunden. Schnorchelausrüstung ist bereits ab etwa 5 JD in
allen Tauchbasen erhältlich, und
meist nehmen die Tauchbasen
gern Schnorchler mit auf eine Ex-
kursion. Die Auswahl an Tauchbasen ist groß, die Preise sind
mehr oder minder einheitlich.
Vor Ort kostet ein Einflaschen-
bzw. Zweiflaschentauchgang ca.
20 bzw. 35 JD, plus 10 JD für
Leihausrüstung; bei Vorausbu-
chung wird es deutlich günstiger.
■ **Aqabah International
Dive Center**
Tel. 077/772 36 18
www.aqabadivingcenter.com
■ **Arab Divers Village**
Tel. 03/203 18 08
www.aqaba-divevillage.com

■ **Dive Aqaba**
Tel. 03/201 88 83
www.diveaqaba.com
■ **Sea Star Water Sports**
im Hotel Alcazar][Tel. 03/201 83 35
www.aqabadivingseastar.com
■ **Royal Diving Club**
ca. 17 km südlich der Stadt
Tel. 03/201 55 55][www.coralbay.jo

Küstennah – die Highlights

1986 wurde die wenige Jahre zuvor ausgebrannte Cedar Pride
vom WWF wenig südlich des Ha-
fens von Aqabah versenkt. Das in
etwa 25 Meter Tiefe liegende
Schiff ist dicht von Weichkorallen
überwuchert und eines der far-
benfrohesten und interessantesten
Wracks im Roten Meer geworden.
Daneben gibt es eine Reihe weiterer spannender Riffe:
■ **Cedar Pride,** 4 km nördl. des
Royal Diving Clubs, intaktes
Wrack mit Rettungsboot, Haupt-
mast, Krähennest; in den Weichkorallen leben unzählige Fische.
■ **Oliver's Canyon,** 3 km nördlich des Royal Diving Club, bis
auf ca. 40 m abfallendes Riff mit
einem russischen Panzer in etwa
6 m Tiefe.
■ **Big Bay,** 1 km nördlich des
Royal Diving Clubs; im südlichen
Bereich, Paradise genannt, Vorkommen der seltenen schwarzen
Korallen.
■ **Saudi Border Wall,** direkt
nördlich der Grenze zu Saudi-
Arabien, steil abfallendes Riff, an
dem Schildkröten, Napoleon-
fische sowie Weißspitzenriffhaie
und Hammerhaie zu sehen sind.

Ausflug zur Pharaoneninsel

Ein Tages- oder Halbtagesausflug per Boot (buchbar über die Hotels) führt zur Pharaoneninsel. Auf dem winzigen, aus dem Meer ragenden Vulkanfels, der heute zu Ägypten gehört, errichtete Balduin I. im 12. Jh. eine eindrucksvolle Burg, die Ile de Graye, die man individuell besichtigen kann. Neben einem kleinen Restaurant gibt es auch einen Strand und eine künstliche Lagune, in der es sich angenehm schwimmen und schnorcheln lässt.

12 Unterwegs im **Wadi Rum

Wadi Rum 2

Unter den vielen Wadis, diesen meist trockenen Flusstälern, die das Gebiet im Osten von Aqabah durchziehen, ist das Wadi Rum das unbestritten eindrucksvollste. Der Name des Flusstals geht auf den nahe gelegenen Jebel Rum zurück, dessen Sandsteinformationen dem Tal einen rötlichen Schimmer verleihen.

Die einmalige Landschaft entstand vor etwa 30 Millionen Jahren im Zuge derselben tektonischen Katastrophe, die auch den Großen Ostafrikanischen Grabenbruch, der von Syrien über das nahe Tote und Rote Meer bis nach Kenia verläuft, hervorgebracht hat. Ihre heutigen bizarren Formen verdanken die rötlichen Sandsteingipfel und der darunter liegende dunkle Granit der in diesem harschen Klima extreme Erosion.

Spätestens in der Morgen- oder Abendstille entdeckt man, dass das Wadi Rum auch Lebensraum vieler Tiere ist. Mit etwas Glück begegnet man Steinbock, Fuchs oder Felskaninchen, seltenen Arten von Finken, Drosseln und Spatzen oder sieht Geier kreisen.

! Etwa tausend Beduinen leben noch im Wadi Rum. Bitte respektieren Sie deren Traditionen und halten Sie sich mit Werturteilen zurück. Kindern sollten Sie keine Süßigkeiten oder andere Mitbringsel schenken; übergeben Sie im Fall einer Einladung alle Gastgeschenke dem Hausherren oder (als Frau!) der Hausfrau. Angemessene, d.h. körperbedeckende Kleidung sollte selbstverständlich sein. Die Wüste um das Wadi Rum ist seit der Öffnung für den Tourismus großen Belastungen ausgesetzt. Denken Sie bitte stets daran, keinen Abfall zu hinterlassen (kann im Visitor Centre entsorgt werden), Wasser sparsam zu verwenden, Quellen nicht zu verschmutzen und keine offenen Feuer zu machen. Bitten Sie Ihren Fahrer, auf bereits vorhandenen Pisten zu bleiben.

Auf Geländewagentour im Wadi Rum

Buch-Tipp Niemand hat die Reize des Wadi Rum so poetisch beschrieben wie Thomas Edward Lawrence, der legendäre »Lawrence von Arabien«, in **Die sieben Säulen der Weisheit** (1926; List 2009). Den britischen Sprachforscher, Archäologen, Agenten und Militärberater führten seine Aufträge während des Arabischen Aufstands in den Jahren 1917/ 1918 immer wieder hierher.

Schriften, Schluchten, Felsbrücken

Die Gegend war eines der ersten Siedlungsgebiete im jordanischen Raum. Funde belegen, dass hier bereits im 9. Jahrtausend v. Chr. Feldbau und Tierzucht betrieben wurden. Inschriften und Zeichnungen an den Felswänden datieren allerdings erst aus den Jahrhunderten kurz vor und nach der Zeitenwende; besonders gut erhalten sind die **Alamalah-In-** schriften **A** nahe den Sieben Säulen der Weisheit und jene am **Jebel Annafishiyah B**. Auch zwei nabatäische Bauten finden sich im Wadi Rum: der **Nabatäische Tempel C** nahe der **Lawrence-Quelle** (Ayn ash-Shallalah), die T. E. Lawrence schwärmerisch beschrieb, und **al-Ksayr D**, das sog. Lawrence-Haus – wohl ebenfalls ein Sakralbau – am Jebel Umm Kharg.

Direkt am Visitor Centre ragen die **Sieben Säulen der Weisheit E** auf, eine spektakuläre Felswand und ein gutes Kletterrevier › S. 26. Zu den Naturwundern zählt auch eine Reihe von Felsbrücken. Bei Kletterern beliebt ist die hoch gelegene Brücke am **Jebel Burdah F**. Besonders fotogen ist die ebenfalls im Süden gelegene Brücke am **Jebel Umm Fruth G**. Die größte Brücke liegt außerhalb des Naturparks am **Jebel Kharraz.**

Einige Felsschluchten, darunter der **Siq al-Barrah** Ⓗ und der wenig nördlich gelegene **Siq Umm Tawaqi** Ⓘ, lassen sich mit Geländewagen befahren. Oft besucht wird die schmale, nur zu Fuß zu erkundende Klamm, die etwa 150 Meter in den **Jebel Khazzali** Ⓙ

hineinführt und an deren Seiten viele Inschriften zu erkennen sind.

Klassische Sanddünen sind im Wadi Rum selten. Die meistbesuchten sind die **roten Dünen** Ⓚ, die sich an den Flanken des **Jebel Umm Ulaydiyah** auftürmen.

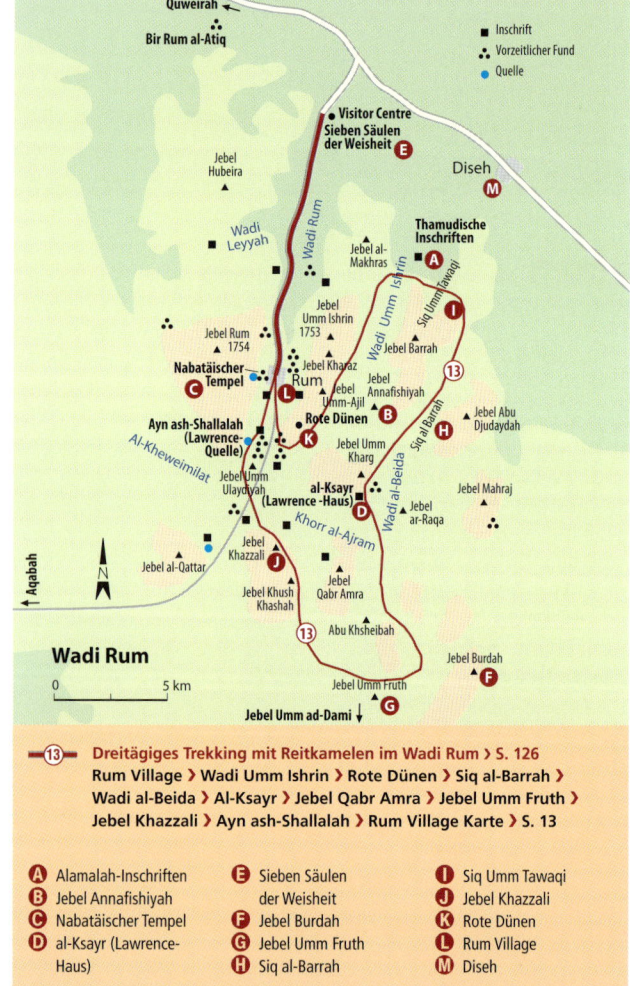

Das Kamel

Die Wertschätzung der Beduinen für das Kamel kommt nicht von ungefähr. Schließlich verdanken die Wüstenbewohner diesem »größten Geschenk Allahs« viel: sein an Wildbret erinnerndes Fleisch, seine an Mineralien und Vitaminen reiche Milch, die Haut – Rohmaterial für Riemen, Gürtel, Taschen und Sandalen – und die Haare, aus denen sich Zelte und wärmende Decken machen lassen. Der trockene Dung dient als Brennstoff, der Urin als keimfreier Wundreiniger.

Bei dem im allgemeinen Sprachgebrauch »Kamel« genannte Nutztier handelt es sich genau genommen um das im Nahen Osten beheimatete einhöckrige, erdfarbene Dromedar, das ursprünglich aus Nordafrika und Arabien stammt. Es verfügt über beeindruckende »technische Daten«: Dauergeschwindigkeit beladen 4–5 km/h; Nutzlast maximal 200 kg; Verschleiß minimal; Tankvolumen bis zu 135 l Wasser. Die Haltbarkeit beträgt um die dreißig Jahre. Einziges nennenswertes Handicap: die niedrige Reproduktionsrate.

Genial sind auch etliche »Konstruktionsdetails«: die Nasengänge etwa – sie sind so verwinkelt, dass die Luft beim Einatmen drastisch abkühlt, beim Ausatmen hingegen entfeuchtet wird, um Wasser zu sparen. In Dürreperioden können Kamele, um Transpiration und damit den Flüssigkeitsverlust zu verringern, ihre Körpertemperatur auf 46 °C steigern. Vor dem grellen Sonnenlicht schützen die überlangen Wimpern, vor der glühenden Hitze des Sandes breite, dickschwielige Sohlen; sie verhindern nach dem System eines Niederdruckreifens ein Einsinken in den Sand. Beim Trinken lagert sich das Wasser nicht im Magen, sondern in den Gewebezellen und im Blutkreislauf ab, weshalb die Tiere binnen Minuten über einen Hektoliter zu schlabbern vermögen.

Rum Village ⓛ

11 km südlich des Visitor Centre liegt das Dorf Rum am Fuß des 1754 Meter hohen **Jebel Rum.** Vor gut zwanzig Jahren war es noch ein von der Welt vergessenes Beduinennest, heute ist der Parkplatz vor dem nördlich des Ortes gelegenen Besucherzentrum oft mit Reisebussen vollgeparkt.

Rum besteht aus einigen Zelten und Häusern, einer Schule, dem Rasthaus und einem Fort. Letzteres wurde in den frühen 1930ern von Glubb Pascha, dem britischen Oberbefehlshaber für Transjordanien, als Hauptquartier für das Desert Camel Corps erbaut.

Diseh ⓜ

Die Straße nach Diseh, einer kleinen Siedlung ohne nennenswerte Sehenswürdigkeiten, zweigt am Polizeiposten etwas westlich vom Visitor Centre ab. Die Stämme von Diseh und Wadi Rum stehen in einem gewissen Konkurrenz-kampf zueinander, denn beide leben von den Einkünften aus dem Tourismus. Von Diseh aus erreicht man sowohl den **Jebel Barrah** mit seinem kilometerlangen Siq als auch die Gebiete nördlich der Eisenbahntrasse gut.

Info

Visitor Centre
am Eingang zum Wadi
Tel. und Fax 03/209 06 00
www.wadirum.jo
Im Besucherzentrum (tgl. 7–19 Uhr) zahlt man die Eintrittsgebühr, es gibt ein kleines Museum, Shops, Sanitäranlagen und ein Restaurant. Die Preise für Geländewagenfahrten oder Kamelritte sind an Tafeln angeschlagen. So kostet z.B. eine Geländewagenfahrt zum Jebel al-Khazzali 35 JD (2 Std., max. 6 Pers.), eine Fahrt zum Siq al-Barrah 60JD. Besonders in der Hochsaison (April/Mai und Sept.–Nov.) empfiehlt sich dringend eine Vorabbuchung. Bitte buchen Sie Ihre Tour im Visitor Centre, auch wenn Ihnen außerhalb günstigere Preise angeboten werden: Die Fahrer sind in einer Kooperative organisiert und erhalten die Fahrten der Reihe nach. Eine Buchung außer der Reihe schädigt die Kooperative.

⚠ Vorsicht, wenn Ihnen in Wadi Musa, Amman, Dana oder Aquabah ganz billig Touren ins Wadi Rum angeboten werden. Diese »Agenten« haben keine Erlaubnis, Touren im eigentlichen Nationalpark – also zu den wirklichen Highlights – durchzuführen!

Camps

Im Wadi Rum gibt es keine Hotels, dafür aber gut ausgestattete Beduinen-Zeltlager. Diese verfügen über schwar-

Ech gu

ze Beduinenzelte und/oder kleine Zelte mit Matratzen und Decken sowie einen Sanitärblock. Generell wird die Übernachtung mit Halbpension angeboten (für die beiden unten genannten Camps kostet dies 30 JD).

Die Camps von Diseh gerade außerhalb der »Protected Zone« des Wadi Rum bieten im Prinzip dieselben Leistungen wie jene im Wadi. Sie müssen allerdings die strengen Auflagen, die für die Camps in der Protected Zone gelten, nicht erfüllen und sind deswegen meist größer und lauter.

■ **Mohamad Mutlag Camp**
am Jebel Qattar][**Tel. 077/742 48 37**
www.wadirum.org
Ausstattung wie oben beschrieben; allein schon die Anreise vom Visitor Centre per Kamel (2,5 Std., 20 JD) oder Allradauto (im Übernachtungspreis inklusive) ist ein Erlebnis. ●

■ **Captain's Camp**
Tel. 03/206 07 10
www.captains-jo.com
Nahe dem Dorf Diseh, mit heißen Duschen; gerne von Gruppen gebucht. ●

Restaurants

■ **Rum Gate Restaurant**
im Visitor Centre][**Tel. 03/201 59 95**
Mittags von 12–16 Uhr gibt es ein gutes Büffet, das gerne von Gruppen in Anspruch genommen wird.

■ **Wadi Rum Resthouse**
Rum Village
am Ortseingang rechts
Tel. 03/201 88 67
Gute, aber verhältnismäßig teure Küche in spektakulärer Umgebung. ●

■ Wenige Meter weiter bieten mehrere kleine Restaurants – darunter das **Redwan Paradise** – gute und preiswerte lokale Gerichte an. ●

Desert Highway

Nur wenige Kilometer, bevor sich die Felsmassen des Hochlandes abrupt aus der Wüste erheben, ließ der nabatäische König Aretas III. (um ca. 80 v.Chr.) einen Karawanenstützpunkt erbauen. Obwohl die Gegend auch damals schon relativ trocken war, gelang es den Nabatäern, hier Landwirtschaft zu betreiben, sodass eine ganze Siedlung, **Hawara** 3, entstand. Diese wurde im Zuge des Ausbaus der Via Nova Traiana im 2. Jh. n.Chr. von den Römern um ein Fort erweitert. Auch in byzantinischer und ummaijadischer Zeit war der Ort weiter besiedelt – mindestens fünf Kirchenbauten und der Neubau des Forts fallen in diese Zeit. Erst in abbasidischer Zeit wurde Hawara komplett verlassen.

Die Ruinen werden seit einigen Jahren intensiv erforscht und sind recht gut ausgeschildert (bei Tageslicht; Eintritt frei).

Nicht weit hinter der Ortschaft **Humayma al-Djadida** beginnt der Desert Highway, sich in endlosen Kurven auf das Hochplateau von **Ras an-Naqab** 4 hinaufzuschrauben. Wenn man nicht die Absicht hat, in Radjif auf den Königsweg nach Petra (Wadi Musa) abzubiegen, lohnt sich der Umweg auf der alten Landstraße in die Berge hinauf. Diese zweigt bei **Dabbat Hanut** nach rechts ab und bietet wahrhaft spektakuläre letzte oder erste Blicke hinab in die Wüstenlandschaft der Hismah.

Echt gut!

Infos von A–Z

Ärztliche Versorgung

Krankenhäuser und ärztliche Behandlung in Amman und Aqabah haben fast westeuropäisches Niveau. **Deutschsprachige Ärzte** nennen die Botschaften in Amman. Eine Auslandskrankenversicherung, die den Rücktransport im Notfall einschließt, ist unerlässlich, achten Sie darauf, dass auch Unfälle gedeckt sind. Apotheken führen das gängige europäische Sortiment.

Behinderte

Einrichtungen für Behinderte sind selten. Deren Existenz sollte man vor Buchung einer Pauschalreise erfragen. In Petra können Behinderte mit Pferdekutschen zu den Hauptsehenswürdigkeiten gelangen. Im Wadi Rum stehen (kaum gefederte) Wagen bereit. Evtl. kommt auch ein Kamelritt in Frage. An anderen Sehenswürdigkeiten stehen v.a. Rollstuhlfahrer oft vor Problemen.

Diplomatische Vertretungen

Jordanische Botschaften
- D-13595 Berlin, Heerstr. 201, Tel. 0 30/36 99 60-0, Fax 36 99 60-11, www.jordanembassy.de
- A-1030 Wien, Rennweg 17/4, Tel. 01/405 10 25, Fax 405 10 31, rweiss@jordanembassy.at (für touristische Anfragen), www.jordanembassy.at
- CH-3074 Muri bei Bern, Thorackerstr. 3, Tel. 031/384 04 04, Fax 384 04 05, info@jordanembassy.ch

Botschaften in Jordanien
- **Deutschland:** 25 Benghasi St., Jebel Amman, Tel. 06/590 11 70, Fax 590 12 82 www.amman.diplo.de
- **Österreich:** 36 Mithqal Al-Fayez St., Jebel Amman, Tel. 06/460 11 01, Fax 461 27 25, www.aussenministerium.at/amman

- **Schweiz:** 19 Ibrahim Ayoub St. (Embassies St.), Jebel Amman, Tel. 06/593 14 16, Fax 593 06 85 amm.vertretung@eda.admin.ch

Einreise/Ausreise

EU-Bürger und Schweizer benötigen ein Visum, das man an den Flughäfen in Amman und Aqabah oder bei den Diplomatischen Vertretungen Jordaniens bekommt, die Gebühr beträgt 20 JD. Der Pass muss noch mind. 6 Monate nach Einreise gültig sein. Das Touristenvisum gilt 3 Monate. Wer länger als zwei Wochen bleibt, muss sich nach 14 Tagen einen Stempel auf der Polizeistation einer größeren Stadt holen (nicht bei Gruppenvisa).

Devisen dürfen uneingeschränkt ein-/ausgeführt werden. Die Einfuhr Jordanischer Dinar (JD) ist auf Kleinmengen (bis ca. 50 EUR) begrenzt.

Bei der Ausreise wird eine Gebühr von 30 JD fällig, die dem Flugticket-Preis aufgeschlagen wird.

Elektrizität

Die Spannung liegt bei 220–240 V. Der Eurostecker passt meist, gelegentlich findet man dreipolige britische Stecker (Adapter in größeren Hotels erhältlich).

Feiertage

- **Islamische Feiertage** > S. 42
- **Gesetzliche Feiertage:** 1. Jan. (Neujahr), 30. Jan. (Geburtstag König Abdullahs II.), 1. Mai, 25. Mai (Unabhängigkeitstag), 14. Nov. (Gedenktag anlässlich des Geburtstags von König Hussein), 25. Dez. (Weihnachten).

Fotografieren

Außer an Militäranlagen, in Sperrzonen (z.B. Jordangraben) und am Königspalast darf man überall fotografieren. Die muslimische Tradition verbietet die Abbildung von Menschen. Seien Sie also höchst zurückhaltend und fragen Sie immer um Erlaubnis (das geht auch in Zeichensprache). Speicherchips git es in Amman. Film- und Fotomaterial ist erheblich teurer als in Europa.

Frauen allein unterwegs

Dezent gekleidet (körperbedeckend, lange Haare zusammengebunden) werden Frauen keine Problem haben. Verhalten Sie sich Männern gegenüber höflich, aber reserviert. Die internationalen Medien verbreiten stereotype Rollenbilder von der freizügigen westlichen Frau; umso wichtiger ist angemessenes Verhalten. Falls Sie in eine heikle Situation geraten, zögern Sie nicht, Passanten um Hilfe zu bitten oder laut das Wort »ayb« (Schande) zu rufen.

Geld und Währung

Landeswährung ist der Jordanische Dinar (JD; »jaydee« oder »lira«), inoffizielle Währung der US-Dollar. Jordanier zählen meist in Piastern. Außerdem sind die Bezeichnungen »qirsh« oder »qrush« (für Piaster) und »dirham« gebräuchlich (1 JD = 1000 Fils; 1 JD = 100 Piaster oder Qirsh; 1 JD = 10 Dirham; 1 Piaster = 100 Fils). Bei Preisauszeichnunen also besser nachfragen, welche Einheit gemeint ist. Rechnungen im Restaurant oder Hotel sind immer in JD ausgestellt.

Gängige Kreditkarten sind Visa und American Express (in Amman Bargeldabhebung am Automaten möglich). In allen touristisch bedeutenden Orten können Sie mir Ihrer Scheckkarte mit Maestro-Funktion und Ihrer PIN Bargeld ziehen. Hotels und Banken akzeptieren auch Mastercard. Fremdwährungen und Reiseschecks können in Amman und Aqabah getauscht bzw. eingelöst werden.

Gesundheit

Jordanien bietet gute hygienische Standards. Zwar sollte man nicht gerade das Leitungswasser trinken, doch kann man in Restaurants fast unbesorgt auch rohe Speisen und Salate essen.

Empfohlen werden Impfungen gegen Tetanus, Diphtherie, Poliomyelitis, Hepatitis A und Hepatitis B. Die Reiseapotheke sollte Medikamente gegen Magen-, Darm- und Durchfallerkrankungen, Entkeimungstabletten für Trinkwasser sowie Nasen- und Augentropfen (Erkältung, Staub) enthalten.

Information

■ **Jordan Tourism Board**, P. O. Box 830688, Amman, Jordanien 11183, Tel. 06/567 84 44, Fax 567 82 95, http://de.visitjordan.com
■ **Deutschland:** Lieb GmbH, Hauptstr. 19a, 83135 Schechen, Tel. 089/6890638-25, Fax -39, GermanyJTB@visitjordan.com
■ **Österreich/Schweiz:** über die Botschaft in Wien ❯ S. 138

Kleidung

Geeignet ist körperbedeckende, robuste und strapazierfähige Kleidung aus Baumwolle oder Mikrofaser: von Juni bis Oktober leichte Sommerkleidung, von Oktober bis Juni auf dem Hoch-

Urlaubskasse	
Tasse Kaffee	0,40–0,60 €
Softdrink	0,40–1 €
Flasche Bier	1,50–2,20 €
Shawarma oder Falafel-Sandwich	0,50–1 €
Portion Baklava	0,30 €
Taxifahrt (10 Min., innerstädtisch)	1,40 €
Mietwagen/Tag	ab 34 €
1l Superbenzin	ab 0,80 €

plateau und in Amman Wollsachen und Regenkleidung. In Aqabah reicht im Winter ein leichter Pullover. Festes Schuhwerk und Sonnenschutz sind unerlässlich. Kurze Hosen (auch für Männer) bzw. kniefreie Röcke sind unangebracht, ebenso schulterfreie oder körperbetonende Kleidung. In der heißen Periode sind Kopf- und Nackenschutz sowie Sonnenbrille unerlässlich.

Notruf
Tel. 911: Landesweiter Notruf für Polizei, Rettungsdienst und Feuerwehr.

Öffnungszeiten
Freitag ist der wöchentliche Feiertag. Einige Geschäfte von Christen sind außerdem sonntags zu. Im Ramadan gelten oft andere Öffnungszeiten.
- **Banken:** 8.30–15 Uhr, teils auch 15.30–17.30 Uhr, Fr/Sa geschlossen.
- **Geschäfte:** Supermärkte, große Ketten: 8–20 Uhr; lokale Geschäfte meist 9–18 Uhr (1–2 Std. Pause zwischen 13 und 16 Uhr). Freitag Mittag (Gebetszeit) meist geschl.
- **Post:** Sommer Sa–Do 7–19, Fr 7–13 Uhr, Winter: Sa–Do 7–17, Fr 7–13 Uhr.
- **Restaurants:** meist 13–15 und ab 20 Uhr.

Post
Briefe nach Europa benötigen etwa zwei Wochen. Priority-Briefe muss man mit 800-Fils-, Postkarten mit 400-Fils-Marken frankieren und mit dem Vermerk »barid jowwy/Airmail« (= Luftpost) versehen.

Sicherheit
Generell ist Jordanien ein sehr sicheres Reiseland, das die Tradition der arabischen Gastfreundschaft hochhält. Dennoch sollte man wie überall Wertgegenstände und Geld nicht zur Schau stellen. Wegen möglicher Terrorgefahr und der angespannten Situation an der syrischen Grenze rät das Auswärtige Amt (www.auswaertiges-amt.de) zu erhöhter Vorsicht an touristischen Orten und öffentlichen Einrichtungen.

Telefon und Internet
Internationale Gespräche sind von Telefonzellen möglich (Telefonkarten in Buch- und Schreibwarenläden). Von Hotels aus muss man mit erheblichen Preisaufschlägen rechnen. Das Mobiltelefonnetz hat europäischen Standard, die Roaming-Preise sind allerdings horrend. Auskunft (auch englisch): Inland Tel. 1212, internat.: Tel. 1213 od. 1322.
Internationale Vorwahlen:
- Deutschland: 00 49
- Österreich: 00 43
- Schweiz: 00 41
- Jordanien: 00 962

Internetcafés sind v.a. in Amman zahlreich vertreten.

Trinkgeld
Taxifahrer, Personal in Hotels und Restaurants erwarten 10% des Rechnungsbetrags, mindestens aber 1 JD.

Zeit
MEZ + 1 Std., März bis Okt. + 2 Std.

Zollbestimmungen
Zollfrei sind persönliche Gegenstände, pro Person eine Foto- und eine Filmkamera, 200 Zigaretten bzw. 50 Zigarren o. 200 g Tabak, 1 l Wein bzw. Spirituosen sowie Parfum für den Eigengebrauch. Videokamera und Laptop müssen bei der Einreise deklariert werden.

Die Ausfuhr von archäologischen und antiken Gegenständen sowie von Korallen und anderen Produkten, die dem Washingtoner Artenschutzabkommen unterliegen, ist streng verboten.

Bei der Wiedereinreise ins Heimatland dürfen Waren im Wert von 430 € (Personen unter 15 Jahren 175 €) bzw. 300 CHF eingeführt werden.

Register

Bildnachweis

Alamy/dbimages: U2-Top12-8; Alamy/IML Image Group Ltd: U2-Top12-03, 78; Alamy/Eitan Simanor: 62; Alamy/Kumar Sriskandan: 90; Bildagentur Huber/Gräfenhain: 46; edition vasco/W. Seitz: 43, 68, 74, 82, 84, 100, 104, 110, 116, 133; Fotolia/Bigi Alt: 2-3; Fotolia/fimg: 32; Fotolia/Hennie Kissling: U2-Top12-11; Fotolia/Rebecca R: U2-Top12-4; Fotolia/suronin: 55; Fotolia/vvoe: U2-Top12-10; Fotolia/way: U2-Top12-2; Achim Gaasterland: 9, 36, 86, 93, 117; Dr. Gerhard Heck: 41; Volkmar Janicke: 135; Jordan Tourism Board: U2-Top12-7, U2-Top12-12, 2-2, 15, 16, 39, 51, 71, 81, 88, 99, 103, 118, 130; Gerold Jung: 21; laif/hemis: 6, 109, 124; laif/Heuer: 26, 30; laif/Kirchgessner: 28, 56, 59, 63; laif/Axel Krause: 22; laif/hemis.fr/René Mattes: U2-Top12-9, 61, 76; laif/Le Figaro Magazine/E. Martin: U2-Top12-5; laif/Riehle: 40; LOOK-foto/age fotostock: U2-Top12-1; Sabine von Loeffelholz: 11, 97, 115, 121, 129, 136; Mansour Shawki Mansour Muasher: 67; mauritius images/Norbert Eisele: 13; mauritius images/Urs Flüeler: 5; mauritius images/Jose Fuste Raga: 48; mauritius images/Robert Harding: 24; mauritius images/Joachim Hiltmann:72; mauritius images/H. Mollenhauer: 98; mauritius images/westend61: 106; Harald Mielke: 95, 123; Pixelio/Carsten Raum: 2-1; Royal Society for the Conservation of Nature: 105; Wikipedia/Prof. Dr. Vieweger: 75.

Polyglott im Internet: www.polyglott.de

Impressum

Wir freuen uns, dass Sie sich für einen Reiseführer aus dem Polyglott-Programm entschieden haben. Auch wenn alle Informationen aus zuverlässigen Quellen stammen und sorgfältig geprüft sind, lassen sich Fehler nie ganz ausschließen. Wir bitten um Verständnis, dass der Verlag dafür keine Haftung übernehmen kann. Ihre Hinweise und Anregungen sind uns wichtig und helfen uns, die Reiseführer ständig weiter zu verbessern. Bitte schreiben Sie uns:
GVG TRAVEL MEDIA GmbH, ein Unternehmen der GANSKE VERLAGSGRUPPE
Redaktion Polyglott, Harvestehuder Weg 41, 20149 Hamburg, redaktion@polyglott.de

Wir wünschen Ihnen eine gelungene Reise!

Herausgeber: GVG TRAVEL MEDIA GmbH
Redaktionsleitung: Grit Müller
Autoren: Walter M. Weiss und Julietta Baums
Neukonzeption: Julietta Baums
Redaktion: Sylvi Schlichter, Christian Steinmaßl
Bildredaktion: GVG TRAVEL MEDIA GmbH und Ulrich Reißer und Sylvi Schlichter
Layout: Ute Weber, Geretsried
Titeldesign-Konzept: Studio Schübel Werbeagentur GmbH, München
Karten und Pläne: Kartographie Huber und
Kartografie GVG TRAVEL MEDIA GmbH, Hamburg
Satz: Schulz Bild & Text, Hamburg und Ute Weber, Geretsried
Druck und Bindung: Stürtz Mediendienstleistungen, Würzburg

Überarbeitete Auflage
© 2013 by GVG TRAVEL MEDIA GmbH, Hamburg
Printed in Germany
Dieses Buch wurde auf chlorfrei gebleichtem Papier gedruckt.
ISBN 978-3-8464-0898-8

Langenscheidt Mini-Dolmetscher Englisch

Allgemeines

Guten Morgen.	Good morning. [gud **moh**ning]
Guten Tag. (nachmittags)	Good afternoon. [gud after**nuhn**]
Hallo!	Hello! [**häll**oh]
Wie geht's?	How are you? [hau **ah**‿ju]
Danke, gut.	Fine, thank you. [**fain**, **θänk**‿ju]
Ich heiße ...	My name is ... [mai **nehm**‿is]
Auf Wiedersehen.	Goodbye. [gud**bai**]
Morgen	morning [**moh**ning]
Nachmittag	afternoon [after**nuhn**]
Abend	evening [**ihw**ning]
Nacht	night [nait]
morgen	tomorrow [tu**morr**oh]
heute	today [tu**deh**]
gestern	yesterday [**jes**terdeh]
Sprechen Sie Deutsch?	Do you speak German? [du‿ju spihk **dsehöh**mən]
Wie bitte?	Pardon? [**pahd**n]
Ich verstehe nicht.	I don't understand. [ai **dohnt** ander**ständ**]
Würden Sie das bitte wiederholen?	Would you repeat that please? [wud‿ju ri**piht** öät, plihs]
bitte	please [plihs]
danke	thank you [**θänk**‿ju]
was / wer / welcher	what / who / which [wott / huh / witsch]
wo / wohin	where [wäə]
wie / wie viel	how / how much [hau / hau **matsch**]
wann / wie lange	when / how long [wänn / hau **long**]
warum	why [wai]
Wie heißt das?	What is this called? [**wott**‿is öis **kohld**]
Wo ist ...?	Where is ...? [**wäər**‿is ...]
Können Sie mir helfen?	Can you help me? [kän‿ju **hälp**‿mi]
ja	yes [jäss]
nein	no [noh]
Entschuldigen Sie.	Excuse me. [iks**kjuhs** miðə]
rechts	on the right [on ðə reit]
links	on the left [on ðə left]
Gibt es hier eine Touristeninformation?	Is there a tourist information? [is‿ðər‿ə **tu**ərist in**fə**mehschn]
Haben Sie einen Stadtplan?	Do you have a city mape? [du‿ju häw‿ə **βi**ti mäpp]

Shopping

Wo gibt es ...?	Where can I find ...? [wäə kən‿ai **faind** ...]
Wie viel kostet das?	How much is this? [**hau**‿matsch is‿ðis]
Das ist zu teuer.	This is too expensive. [ðis‿is **tuh** iks**pänn**βiw]
Das gefällt mir (nicht).	I like it. / I don't like it. [ai **laik**‿it / ai **dohnt laik**‿it]
Wo ist eine Bank / ein Geldautomat?	Where is a bank / a cash dispenser? [**wäər**‿is ə‿**bänk** / ə **käsch** dis**pänn**ser]
Geben Sie mir 100 g Käse / zwei Kilo ...	Could I have a hundred grams of cheese / two kilograms of ... [kud‿ai häw‿ə **hann**drəd **grämms**‿əw **tschihs** / **tuh kill**əgrämms‿əw ...]
Haben Sie deutsche Zeitungen?	Do you have German newspapers? [du‿ju häw **dsehöh**mən **njuhs**pehpers]

Essen und Trinken

Die Speisekarte, bitte.	The menu please. [ðə **männ**ju plihs]
Brot	bread [bräd]
Kaffee	coffee [**koff**i]
Tee	tea [tih]
mit Milch / Zucker	with milk / sugar [wið‿**milk** / **schugg**er]
Orangensaft	orange juice [**orr**əndsch‿dsehuhs]
Mehr Kaffee, bitte.	Some more coffee please. [βəm‿moh **koff**i plihs]
Suppe	soup [βuhp]
Fisch	fish [fisch]
Fleisch	meat [miht]
Geflügel	poultry [**pohl**tri]
Beilage	sidedish [**βaidd**isch]
vegetarische Gerichte	vegetarian food [**wädsehə**t**ä**riən fud]
Eier	eggs [ägs]
Salat	salad [**βäl**əd]
Dessert	dessert [di**söht**]
Obst	fruit [fruht]
Eis	ice cream [ais **krihm**]
Wein	wine [wain]
weiß / rot / rosé	white / red / rosé [wait / räd / **roh**seh]
Bier	beer [biə]
Mineralwasser	mineral water [**minn**rəl wohter]
Ich möchte bezahlen.	I would like to pay. [ai‿wud **laik**‿tə peh]